Paul Kruntorad

Kafka, das Schloss und die Schuhfabrik

Tschechische Kostbarkeiten

Paul Kruntorad

Kafka, das Schloss und die Schuhfabrik

Tschechische Kostbarkeiten

Picus Lesereisen

Picus Verlag Wien

Grafische Gestaltung: Dorothea Löcker, Wien
Umschlagabbildung: Archiv der Tschechischen
Zentrale für Tourismus
Druck und Verarbeitung:
Druckerei Remaprint, Wien
ISBN 3-85452-782-9

Informationen über das aktuelle Programm
des Picus Verlags und Veranstaltungen unter
www.picus.at

Inhalt

Vorwort

Im Jänner 1990, beim ersten Besuch in Prag seit mehr als zwei Jahrzehnten, hatte sich in der Tschechoslowakei noch nicht viel verändert, außer dass Böhmen, Mähren und die Slowakei kein sowjetisches Satrapenland mehr waren, sondern eine Demokratie. Man brauchte kein Visum, freilich musste man, wenn aufgefordert, an der Grenze nachweisen, dass man genügend Devisen mitbrachte, und anfangs war auch die Ausfuhr der Landeswährung verboten. Die Straßen waren in einem weit besseren Zustand, als ich es aus den sechziger Jahren in Erinnerung hatte, und da ich noch immer ziemlich fließend Tschechisch spreche, war die Verständigung einfach.

Das Herumfahren selbst, häufig nur mit vage definiertem Ziel, war einfach, schwierig war es am Anfang, Unterkunft und Verpflegung zu finden. Hotels gab es nur in den größeren Städten, meist Wohntürme mit zwar sauberen, aber karg eingerichteten Zimmern. Das änderte sich rasch, und zu sehen, wie schnell und mit wieviel Geschmack alle die historischen Stadtkerne und Sehenswürdigkeiten renoviert werden, ist ein Teil des Reisevergnügens in der Tschechischen Republik. Der Touristenstrom bewegt sich einstweilen zwischen der Prager Burg und dem Wenzelsplatz. In der Provinz ist man noch allein, andererseits merkt man besonders an Feiertagen und im Sommer an den vollen Hotels, dass auch die Einheimischen all die Sehenswürdigkeiten, die ihr Land in so reichem Maß zu bieten hat, schätzen.

Zu den historischen Denkmälern kommt die abwechslungsreiche Landschaft, deren Charakter rasch wechselt. Die Herrschaft der Premysliden, der Luxemburger, der Hussiten, der Habsburger lässt sich an den Städten, Schlössern, Burgen, Klöstern und Kirchen ablesen, so wie die jeweilige Witterung an den Jahresringen eines Baums. In der ersten Republik, unter dem Philosophen-Präsidenten T. G. Masaryk, erlebte das Land eine in Europa einzigartige Blüte in allen Bereichen der Kultur. Man durchmisst das Land von Süd nach Nord, von Ost nach West mit dem Auto gemächlich in einem halben Tag. So ist jeder angepeilte Ort von Wien aus leicht zu erreichen.

Anfangs war das Reisen in der Tschechischen Republik, im »Herzen Europas«, ein spartanisches Abenteuer. Das hat sich inzwischen geändert. Spartanisch ist es nicht mehr, aber noch immer spannend.

Kafka und der Prager Frühling

Am 27. und 28. Mai 1963 veranstaltete die tschechoslowakische Akademie der Wissenschaften auf Schloss Liblice eine Konferenz zum Thema »Franz Kafka aus Prager Sicht«. Eigentlich gab es damals noch keine Prager Sicht auf Kafka, aber das Signal war klar. Mit einiger Verspätung hatte das poststalinistische Tauwetter, das Nikita Chruschtschow mit seiner Kritik an Stalin eingeleitet hatte, auch auf die CSSR übergegriffen. Ausgerechnet mit einer Tagung über den Dichter, der mit seinem Werk die existenzialistische Angst der Nachkriegszeit vorweggenommen hatte, begann eine Entwicklung, die im Prager Frühling ihren Höhepunkt und bald darauf durch den Einmarsch der Truppen des Warschauer Paktes ihr jähes Ende fand. In der Tradition der tschechischen Intellektuellen, die im 19. Jahrhundert mit der nationalen Erneuerung gegen das *temno*, die Finsternis der Habsburger Herrschaft, angetreten waren, stellten sich die Prager Intellektuellen in den sechziger Jahren die heroische Aufgabe, die Periode der stalinistischen Finsternis zu beenden, die Partei von innen heraus zu reformieren, sie von der bürokratischen Deformation zu säubern, dem Kommunismus ein menschliches Antlitz zu geben.

Als »Erfinder« der Idee, eine Konferenz über Kafka zu veranstalten, und daher Initiator der kulturpolitischen Liberalisierung gilt der Germanist Eduard Goldstücker. Ich lernte ihn bei der zweiten Liblice-Konferenz im November 1965 kennen. Das Barockschloss, von Giovanni Battista Alliprandi für die Grafen Pachta von Reyhofen erbaut, hatte so gar nichts von dem »Schloss«, das Kafka in seinem gleichnamigen Romanfragment als Vorbild diente. Es war von einer wenngleich etwas verblichenen Pracht, in der sich die versammelte Ostblock-Academia bewegte, als müsste sie ihre Bedeutung jeden Augenblick von neuem beweisen. Aufgrund der Beneš-Dekrete 1945 beschlagnahmt, wurde es von der kommunistischen Regierung 1952 der Akademie der Wissenschaften als Sommerfrische und Tagungsort zur Verfügung gestellt. Die Konferenz war unter dem Titel »Weltfreunde« der Prager deutschen Literatur gewidmet. Ich war als Beobachter gekommen, für die quasioffizielle österreichische Literaturzeitschrift *Wort in der Zeit*, die ich redigierte.

Goldstücker hatte, als er im Jahr 2000 in Prag starb, einen ungewöhnlichen Lebenslauf hinter sich. Er war nicht nur zweimal emigriert, er hatte auch nacheinander zwei Karrieren absolviert. 1913 in dem slowakischen Bergbau-Städtchen Podbiel geboren, studierte er in Prag an der Karlsuniversität und war Sekretär der

Menschenrechtsliga, als er 1939 vor den deutschen Besatzern nach England floh, die ihn wenn nicht aus politischen, so jedenfalls aus »rassischen« Gründen sofort nach ihrem Einmarsch verhaftet hätten. Nach weiteren zwei Jahren Studium in Oxford berief ihn Eduard Beneš ins Außenministerium seiner Exilregierung. Weitere Stationen der diplomatischen Karriere waren Erster Botschaftssekretär in Paris, zweiter Mann in London und 1950 Botschafter der CSSR in Israel. Die Sowjetunion war die erste Großmacht, die den 1948 gegründeten Staat anerkannt hatte. Goldstücker muss Mitglied der Kommunistischen Partei gewesen sein und das Vertrauen Moskaus gehabt haben, sonst hätte man ihn nicht zu der heiklen Mission in Tel Aviv beordert.

1951 wurde er abberufen, verhaftet und in den berüchtigten Slánský-Prozessen zu lebenslänglicher Haft verurteilt. Rudolf Slánský war Generalsekretär der KPTsch und 1948 einer der Architekten das Februar-Putsches. Mit Slánský waren dreizehn andere hohe Parteifunktionäre der »Trotzkistisch-Titoistisch-Zionistischen Verschwörung im Dienst des amerikanischen Imperialismus« angeklagt, zwölf davon wie Slánský selbst Juden. Alle bis auf zwei wurden hingerichtet. Goldstücker entging der Todesstrafe, weil er sich der Anklage als Kronzeuge zur Verfügung gestellt hatte. Nach vier Jahren Haft wurde er begnadigt und später auch rehabilitiert.

Im Allgemeinen waren die Mitglieder des Zentralkomitees der KPTsch, die den Schauprozess gegen Slánský inszeniert hatten, ebenso wenig von Schuldgefühlen oder schlechtem Gewissen geplagt wie ihre sowjetischen Genossen. Goldstücker muss einen Schutzengel im Kreml gehabt haben oder irgendeine Art von Lebensversicherung. Jedenfalls ging nach seiner Entlassung auch seine zweite, akademische Karriere zügig voran: 1956 Vorstand der Lehrkanzel für Germanistik an der Karlsuniversität, 1963 Ordinarius, 1966 Pro-Rektor, 1967 Vorsitzender des Tschechoslowakischen Schriftsteller-Verbandes, 1968 Parlamentsabgeordneter, 1967 Gottwaldpreis für Verdienste um den Aufbau des sozialistischen Vaterlandes und, Gipfel der Ironie, 1968 die Goethe-Medaille, die ihm in München verliehen wurde.

Gleich, wie groß ihr wissenschaftlicher Ertrag war, die Kafka-Konferenz hatte einiges in Bewegung gebracht. Zwar gab es im Buchhandel noch immer keine Kafka-Übersetzung ins Tschechische (und da deutsche Bücher nur aus der DDR importiert werden konnten, auch keine deutschen Kafka-Ausgaben), aber die Zahl der Publikationen über Kafka in diversen wissenschaftlichen und literarischen Zeitschriften mehrte sich. Goldstücker selbst, der vorher vor allem über Egon Erwin Kisch gearbeitet hatte, führte seine These über die doppelte Entfremdung Kafkas aus, Angehöriger der deutschen

Minderheit innerhalb der – zur Zeit von Kafkas Geburt drastisch angestiegenen – tschechischen Mehrheit in Prag und ein Jude innerhalb der deutschen Sprachgruppe. An der Tatsache selbst kann man nicht rütteln, wohl aber an ihrer Erklärungskraft für Kafkas Werk. Als einziger Diskussionsbeitrag der zweiten Liblice-Konferenz blieb mir Dmitrij Zatonskijs Ermahnung an die Teilnehmer in Erinnerung, sich doch darauf zu besinnen, dass Kafka in den Literaturlexika als österreichischer Schriftsteller geführt werde. Klar, Kafka war Untertan Kaiser Franz Josephs, absolvierte k. u. k. Schulen und war als leitender Angestellter der Arbeiter-Unfall-Versicherungs-Anstalt für das Königreich Böhmen ein österreichischer Beamter.

Viele Jahre später erfuhr ich von der Leiterin des Goethe-Instituts in Prag, Gräfin Baudissin, dass der russische Germanist, der in Kiew unterrichtete, ein geschätzter, weiser Lehrer vor allem auch für die ausländischen Studenten war, die bei ihm ein Gastsemester absolvierten.

1965 brachte man an Kafkas Geburtshaus, damals noch unter der Adresse U radnice Nr. 5, eine Gedenktafel an. Das Haus, ehemals Pfarrhof der von Ignaz Dientzenhofer erbauten St. Nikolas-Kirche, war 1895 abgebrannt und vom alten Wohnhaus, wo Kafkas Vater, aus der Provinz zugezogen, sein erstes Domizil fand, hatte man ins neue nur das in der Brandruine erhaltene Barockportal übernommen. Die Gedenktafel am Geburtshaus zeigt Kafka im Profil. Da von Kafka nur Fotos en face erhalten sind, hat sich der Künstler in seiner Rekonstruktion an die markante Nase von Ottla gehalten, eine von Kafkas älteren Schwestern.

Im Theater am Geländer inszenierte Jan Grossman seine Dramatisierung des Romanfragments »Der Prozess« und machte sowohl mit seiner Bearbeitung wie mit seiner Inszenierung klar, warum es André Breton und die Pariser Surrealisten waren, die Kafka noch vor Sartre und dem Existenzialismus für sich reklamiert hatten. Zwar gab es weiterhin keine tschechischen Übersetzungen Kafkas, aber Bücher von jüdischen Autoren und über jüdische Schicksale konnten die Zensur passieren, etwa Jiří Weils »Život s hvězdou« (Leben mit dem Stern), Hana Bělohradskás Roman »Bez krásy bez límce« (Ohne Kragen, ohne Schönheit) und die Tagebücher des im KZ jung verstorbenen Lyrikers Jiří Orten, von Jan Grossman herausgegeben.

Es gab viele andere Vorboten des Prager Frühlings, die Stücke Václav Havels, die Romane Karel Peckas, der nach acht Jahren Schwerarbeit in den Uranbergwerken Jáchymov Unterschlupf als Bühnenarbeiter am Nationaltheater gefunden hatte, die Filme Věra Chytilovás und Miloš Formans, die Ausstellungen Mikoláš Medeks, die Publikation der »Dialektik des Konkreten« Karel Kosíks. Zum publizistischen Organ der Reformer wurde die Literaturbeilage einer Tageszeitung, *Literární noviny*. Die Zensur funktionierte jetzt nicht nur durch Verinnerlichung und Vorwegnahme, sondern auch auf die Schwejk'sche Art: Wer sich von den bereits namhaften Autoren nicht sicher war, ob sein Verlag ein Manuskript in den Druck würde befördern können, beriet sich direkt mit dem Chefzensor, dem Vorsitzenden der Ideologiekommission im Zentralkomitee der KPTsch – man kannte einander.

Nach wie vor gab es jedoch auch Schreibverbote und Haftstrafen für aufmüpfige Dichter. Dem IV. Kongress des Tschechoslowakischen Schriftstellerverbands misst man eine entscheidende Bedeutung in der Vorbereitung des Prager Frühlings bei. Die Parteiführung musste zur Kenntnis nehmen, dass die Intellektuellen des Landes einmütig die Reformer unterstützten. Das hatte umso größeres Gewicht, als die Redner, mit wenigen Ausnahmen (Václav Havel, Josef Škvorecký), Mitglieder der Partei waren, die ebenso wie Dubček oder Ota Šik (der zusammen mit Radoslav Selucký das reformistische Wirtschaftsmodell entworfen hatte) überzeugt waren, dass es möglich sei, die Partei von innen her zu erneuern. Goldstücker kam als frisch gewähltem Präsidenten des Schriftstellerverbands eine Schlüsselstellung zu. In seiner Rede mahnte er zur Vorsicht: Solschenizyn, der einen Brief an den Kongress geschickt hatte, sei eine innere Angelegenheit des sowjetischen Verbands, und deshalb sollte man den Brief zwar verlesen, aber keineswegs diskutieren. Goldstücker verbat sich auch die Einmischung in die inneren Angelegenheiten der CSSR von Exilschriftstellern, die gegen die Verhaftung von Jan Beneš protestierten und seine Freilassung forderten. Diese erfolgte erst 1968.

Die Reformer hatten sich verrechnet: Die Kreml-Herren, von deren Verständnis Dubček ziemlich blauäugig überzeugt war, maßen zwar den ideologischen und nationalökonomischen Häresien der tschechischen Genossen keine große Bedeutung bei, aber sie hatten offenbar Signale bekommen, dass Alexander Dubček und Ludvík Svoboda, der neue Staatspräsident, ein ehemaliger General der Armee, auch aus dem System der militärischen Abwehr des Warschauer Paktes ausbrechen wollten. Nach dem Einmarsch besorgte Dubčeks Landsmann, Gustav Husák, ein slowakischer Politiker, der im Gefolge der Slánský-Prozesse wegen nationalistischer Rechtsabweichung zu lebenslanger Haft verurteilt und erst 1963 wieder rehabilitiert worden war, das Kreml-Geschäft der »Normalisierung«. Goldstücker musste zum zweiten Mal emigrieren, wiederum nach England, und Kafkas Werk wurde erneut auf den Index verbotener Schriften gesetzt.

Vierzig Jahre nach der Kafka-Konferenz auf Schloss Liblice meldete sich jetzt einer der tschechischen Teilnehmer zu Wort, der Germanistik-Dozent Alexej Kusák, mit einem Artikel in der Tageszeitung *Lidové noviny* am 17. Mai 2003, in dem er die »Erfindung« der Konferenz für sich beansprucht. Als der achtzigste Geburtstag Franz Kafkas nahte, habe er mit einem Kollegen, František Kautman, die Möglichkeiten einer Gedenkveranstaltung ventiliert. Beide trugen, so erinnert sich Kusák, ihre kühne Idee Pavel Reiman vor, der unter anderem auch Ehrenpräsident der germanistischen Kommission in der Akademie der Wissenschaften war. Kautman hielt den Augenblick für günstig. Er blickte in den Moskauer Kaffeesatz und entnahm ihm Anzeichen für eine Liberalisierung – das ZK habe gerade den Widerstand gegen eine Neuausgabe der Werke Dostojewskijs aufgegeben.

Kautman selbst schlug die Einrichtung eines Kafka-Museums vor, Reiman zeigte sich mehr von Kusáks Vorschlag angetan, eine Konferenz abzuhalten, vor allem unter dem Eindruck des Arguments, dass man das Kafka-Jubiläum überall auf der Welt feiern würde. Kusák führte auch Gerüchte ins Treffen, dass die sowjetischen Germanisten aus gegebenem Anlass einige Publikationen über Kafka planten. Goldstücker selbst bremste mit dem – nicht unrichtigen – Hinweis, es sei sinnlos, eine Konferenz zu veranstalten, wenn sich die Prager Germanisten noch nicht auf eine einheitliche Haltung zu Kafka geeinigt hätten. Was damals keiner in Prag wusste, so Kusák in seinen Erinnerungen, war Sartres Eintreten für Kafka auf einem internationalen Kongress in Moskau. Sartre forderte die »Entmilitarisierung« der Kulturpolitik der kommunistischen Internationale und führte als revisionsbedürftiges Beispiel das militante Auftreten gegen Kafka an. Zu aller Überraschung genehmigte das Zentralkomitee den Konferenzplan. Vielleicht, vermutet Kusák, hatten das ZK bereits Nachricht von Sartres Moskauer Kafka-Intervention.

So wäre denn Alexej Kusák der eigentliche Vater der so folgenschweren Liblice-Konferenz über »Kafka aus Prager Sicht«. Sein eigenes Referat hat den Charakter eines Bekenntnisses: »Kafka erscheint mir als ungeheurer, monumentaler Realist des 20. Jahrhunderts, der es besser als viele so genannte Realisten verstand, nicht nur Charaktere und Situationen zu erfassen und zu typisieren, sondern menschliche Beziehungen, das Teuflische dieser Welt, ihre Verunmenschlichung, aber auch die Gegenbewegung, den Protest, den Aufschrei, den zornerfüllten Schmerz … Als Marxist interessiert mich überhaupt nicht, was Kafka selbst über sein Werk dachte (dass er in seinem Testament die Verbrennung seines Nachlasses angeordnet hatte, Anm. d. A.).« Er polemisiert dann gegen die Versuche, vor allem Eduard Goldstückers, Kafka soziologisch aus dem Prager Milieu zu erklären. Inzwischen hat die Kafka-Forschung die Tatsache etabliert, dass von den Prager Realien recht wenig in Kafkas Werk zu finden ist. Goldstücker selbst leitete sein Referat mit zwei verteidigungsstrategischen Hinweisen ein: Am zwanzigsten Parteitag der KPDSU sei festgestellt worden, dass die antagonistischen Systeme der Welt koexistieren müssen, um überhaupt bestehen zu können, und dass Franz Kafkas Rezeption in der CSSR, und nicht nur hier, ein Opfer des Persönlichkeitskultes gewesen sei. Dass Kafkas Werk im nichtsozialistischen Teil der Welt der »Gegenstand eines brennenden Interesses ist«, hätte »uns dazu bewegen sollen ... sich nicht damit zu begnügen, dieses Interesse mit der Pauschalbezeichnung ›bürgerlich-dekadente Neigungen‹ abzutun«.

Die Kuba-Krise, so Kusák, bremste Chruschtschows Liberalisierung ab, und die Genossen im tschechischen ZK benutzten die Kafka-Konferenz als Test der Möglichkeit, einen eigenen, von Moskau unabhängigen Weg einzuschlagen. Die Haltung der fünfköpfigen DDR-Delegation (Hermsdorf, Krolop, Mittenzwei, Richter, Schumacher) sei sichtlich von der Angst diktiert gewesen, dass man mit Kafka auch den »Kafkaismus« ins Land einschleppen würde. Mit den Worten Kusáks: Kafka ja, doch nur als historisches Beispiel aus dem Gruselkabinett.

Schon 1961 habe ein junger Lyriker Pavel Eisners Vorkriegsübersetzung des »Schloss«-Fragments auf der Schreibmaschine abgetippt und somit sei Kafka der erste Autor des tschechischen *samisdat* gewesen. Als Zeichen der Liberalisierung, wie sie sich in der Kafka-Konferenz manifestierte, erwähnt Kusák auch die Gründung des Jazz & Poesie-Klubs Viola. Mitte der neunziger Jahre traf ich hier Eduard Goldstücker wieder, in einer Veranstaltung des Kulturreferats der Österreichischen Botschaft, einem Kaffee- und Kuchenkränzchen, bei dem österreichische Autoren vorgestellt wurden. Goldstücker war mit Josef Hiršal, dem Prager Wahlverwandten der Wiener Gruppe, und dem Verlagslektor Josef Čermák gekommen, einem der Referenten der Kafka-Konferenz.

Kusák erinnert auch daran, dass im Herbst 1968 die Prager Kafka-Konferenz und damit Eduard Goldstücker als ausschlaggebende Faktoren des Prager Frühlings in der DDR-Presse heftig attackiert wurden.

Im Nachruf der Londoner *Times* auf Eduard Goldstücker wird erwähnt, dass die Protagonisten des Prager Frühlings nach der »samtenen Revolution« in Vergessenheit gerieten oder nach ihrer Heimkehr von der jüngeren Generation sogar kritisiert wurden, weil sie versucht hätten, das kommunistische Regime zu verlängern, indem sie es schmackhafter (more palatable) machen wollten …

Im Jahr 2000 wurde die Adresse des Kafka-Museums in Kafkas Geburtshaus geändert – sie lautet jetzt Franz Kafka Platz Nr. 5. Auf Schloss Liblice veranstaltete die tschechische Akademie der Wissenschaften weiterhin Kongresse – den letzten 2002 über die statistische Physik von Flüssigkeiten. Das Schloss ist inzwischen renoviert worden und wirbt im Internet als Wellnesshotel der Luxusklasse.

Freud im Massagesalon

Sigmund Freud lebte in Wien und starb in London. Geboren wurde er in Příbor (Freiberg), einer nordmährischen Kleinstadt mit heute knapp neuntausend Einwohnern am südlichen Rand des größten Industriegebiets der heutigen Tschechischen Republik. Anders als Wien ehrte ihn Příbor noch zu seinen Lebzeiten: mit der Enthüllung einer Gedenktafel an seinem Geburtshaus anlässlich seines 75. Geburtstages. Freud selbst, schwer krank, konnte nicht kommen, seine jüngste Tochter und engste Vertraute Anna verlas seinen Dankesbrief an den Bürgermeister: »... des einen darf ich sicher sein: tief in mir überlagert, lebt noch immer fort das glückliche Freiberger Kind, der erstgeborene Sohn einer jugendlichen Mutter, der aus dieser Luft, aus diesem Boden die ersten unauslöschlichen Eindrücke empfangen hat ...«

Unauslöschliche Eindrücke hat Příbor heute dem Besucher nicht zu bieten, an Sehenswürdigkeiten den Hauptplatz mit einigen Renaissancehäusern und einer Mariensäule; eine ursprünglich gotische, später barockisierte Pfarrkirche; die barocke St. Valentins-Kirche, Nummer 1664 im Verzeichnis der tschechischen denkmalgeschützten Bauwerke; ein Piaristenkloster mit angeschlossenem Gymnasium vom Ende des 17. Jahrhunderts. Und eine Anzahl von Freud-Gedenkstätten, mehr jedenfalls, als sie Wien oder London aufzuweisen hat – außer der Tafel am Geburtshaus auch noch ein Freud-Denkmal, einen Freud-Platz, eine Freud-Straße und einen Freud-Raum im Stadtmuseum.

Die Luft freilich, sie riecht anders als zur Zeit von Freuds Kindheit, riecht säuerlich mit ihrem Anteil an den Abgasen, mit denen das benachbarte Industriegebiet von Ostrava, das größte der Tschechischen Republik, die Umwelt verschmutzt. Hundertfünfzig Jahre Kohleförderung und -verfeuerung haben die Landschaft braunstichig gemacht. Die Stadt selbst war kurz nach der Wende, beim ersten, zufälligen Besuch, verwahrlost. In dem noch unter dem kommunistischen Regime erschienenen Autoatlas war sie im Verzeichnis der Tankstellen und Hotels angeführt, aber nicht in jenem sehenswerter Orte.

Dass er heute unter seinem tschechischen oder deutschen Namen in jedem Reiseführer erwähnt wird, ist zweifellos das Verdienst von Ing. Milan Strakoš, der nach einer Karriere im Industriemanagement in die Politik umstieg und 1990 als Unabhängiger auf der Liste der bürgerlichen Demokraten für das Amt des Bürgermeisters kandidierte. Dass er noch immer Bürgermeister ist, deutet auf seine Popularität hin. Er ist überzeugt, dass ihm in seinem Bemühen, mit Freud den Tourismus anzukurbeln, irgendwann einmal der Durchbruch gelingt. Schließlich ist Freud eine weltweit bekannte Ikone der Geistesgeschichte. Mitte der neunziger Jahre stimmten die Bürger Příbors seinem Vorschlag zu, den Platz nach Freud zu benennen. Das Freud-Denkmal, eine Porträtbüste auf einem Sockel, wurde an eine prominentere Stelle versetzt und ein Freud-Verein konstituierte sich, unter anderem mit dem Ziel, einen Fonds zum Ankauf des Geburtshauses einzurichten.

Genauer gesagt geht es um einen Rückkauf. Denn das Haus war bereits einmal Eigentum der Gemeinde gewesen, bevor es der heutige Besitzer bezog, Jaroslav Matula. Als Hausbesorger hatte er mit seiner Familie in der Hausmeisterwohnung des Rathauses gewohnt. Dann quartierte man ihn aus, um die Ecke in die Zámečnická 117. Das schlichte Haus hatte 1812 der Schlosser J. Zajíc (*zajíc* = Hase) gebaut und später ein Zimmer im Obergeschoss an Freuds Vater Jacob vermietet. Das Haus behielt bis 1984 seine ursprüngliche Gestalt, mit einem Blechdach, vier Fenstern im ersten Stock, und im Parterre, wo der Schlosser seine Werkstatt betrieben hatte, einer schmalen Eingangstür mit einem Fenster links und zwei Fenstern rechts. Auf den Fotos von 1931 sieht man noch den Namen des Schlossers und das Zunftzeichen, einen Schlüssel, der von einer kunstvoll geschmiedeten Konsole herabhängt. Jaroslav Matula hatte zu einer Zeit, als die Psychoanalyse wieder einmal offiziell verboten war und man auf Freud-Gedenkstätten keinen Wert legte, der Gemeinde das Haus abgekauft und es nach seinem Geschmack verschönert, das alte Blechdach durch rote Dachziegel ersetzt, oben zwei breite Fenster eingesetzt, unten eines neben einer vergrößerten, teils verglasten Eingangstür. So wie die Fenster angeordnet sind – asymmetrisch in der Vertikalen wie in der Horizontalen –, wirkt die neue Fassadenoptik irgendwie störend. Kurz, Freuds Geburtshaus, schon als Schlosserei ein Bauwerk von bescheidenen ästhetischen Meriten, ist jetzt hoffnungslos verschandelt.

Beim zweiten Besuch in Příbor waren die Häuser am Hauptplatz renoviert, auch das Rathaus, ein schönes Beispiel funktionalistischer Architektur, 1936 erbaut, mit einer klar gegliederten Fassade, die sich an die alten Häuser nicht anbiedert, aber das Ensemble nicht zerstört. Ein schlanker, an einen Campanile gemahnender Uhrturm schließt die Westfront ab, als urbanistisch elegantes Echo des Kirchturms vis-à-vis. In seinem geräumigen Büro erzählte der Bürgermeister von seinen Plänen. Er bereitete die Feier der 750. Wiederkehr der Erhebung des Ortes zur Stadt vor und berichtete vom Stand der Dinge, was den Ankauf des Hauses durch den Fonds des Freud-Vereins betraf. Auf eine einfache Formel gebracht: Das Haus habe einen Verkehrswert von sechshunderttausend Kronen (rund zwanzigtausend Euro) und der Eigentümer möchte dreieinhalb Millionen Kronen. Die treibende Kraft der Bemühungen, das Haus in eine Gedenkstätte zu verwandeln, die renommierte Wiener Psychoanalytikerin Dr. Eva Laible, Mitglied des wissenschaftlichen Beirats der Internationalen Gesellschaft für die Geschichte der Psychoanalyse, bemühte sich mit entsprechenden Eingaben, das Haus wegen seiner historischen Bedeutung unter Denkmalschutz stellen zu lassen. Der Bürgermeister befürchtete, dass damit für den Fonds jede Chance vertan wäre, das Haus zu kaufen, denn der Eigentümer müsste es zuerst dem Staat anbieten, und zwar zum niedrigen Einheitswert.

Was sind schon 117.000 Euro im Verhältnis zur finanziellen und ideellen Potenz der internationalen Freud-Gemeinde? Ein Pappenstiel, möchte man glauben. Und doch hatte der Freud-Fonds, als wir den Bürgermeister besuchten, gerade nur dreihunderttausend Kronen auf dem Konto und keine Hoffnung auf öffentliche Subventionen von tschechischer oder österreichischer Seite, ganz zu schweigen von privatem Mäzenatentum.

Von der Zámečnická (Schlosserstraße) blieb nach einer Sanierung nur die ehemalige Schlosserei Zajic stehen, und Herr Matula behauptet, das sei sein Verdienst. Die Zámečnická ist auf Freudova umgetauft. Durch den Abbruch einer ganzen Häuserzeile hat sich die Topografie des Hauses verändert. Die Hinterfront geht auf einen geräumigen Parkplatz, der wohl die Parksituation im historischen Stadtkern verbessern soll. Da zwischen der Freudgasse und dem Parkplatz ein Gefälle besteht, führt von dem kleinen Balkon auf der ehemaligen Hinterfront eine Treppe in einen Vorgarten, der zur Zeit unseres Besuches mit den krummen Obstbäumen, frei wucherndem Buschwerk und einem aufgebockten Škoda verwildert wirkte – eine »Gstätt'n«. Die Vorderfront weist noch immer das Zunftzeichen der Schlosser auf, dazu aber unter der Freud-Tafel eine andere, die auf das Gewerbe des neuen Eigentümers hinweist. Wo einst die Schlosserei war, befindet sich jetzt ein Massagesalon. Herr Matula praktiziert freilich nicht nur Heilmassagen, sondern auch Psychotherapie. Zumindest bietet er etwas an, was Reflextherapie heißt, und außerdem eine »Energiehaushalt-Beratung«.

Vor etwa fünf Jahren hatten die Bemühungen Dr. Laibles die internationale Presse mobilisiert. Auch ein englisches Boulevardblatt, das sich wohl eine skandalöse Schlagzeile erwartete, in der Art »Freud im Massagesalon«, schickte einen Reporter. Die Enttäuschung war groß. Als Masseur ist Herr Matula seriös. Seinen Massagesalon hat er freilich bisher niemandem gezeigt. Immer wenn er sich zu einem Treffen mit Journalisten bereit erklärt hatte, war es sein Sohn, der den Vater entschuldigte, aber den Besucher nicht über die Schwelle ließ.

Da es außer dem offenkundigen Sachverhalt nichts zu berichten gibt, vor allem auch nichts über das Interieur des Geburtshauses, muss der neugierige Besucher die Farbigkeit selbst beisteuern. Leslie Chamberlain zum Beispiel (um einen der jüngst erschienenen Berichte zu zitieren), Autorin des Buches »The Secret Artist. A Close Reading of Sigmund Freud«, stellt sich in ihrer Reportage für die *Financial Times* die (bange) Frage, wenn Freuds Familie nicht in einem einzigen Raum zusammengelebt hätte, ob dann Freud mit der Phantasie aufgewachsen wäre, dass er seine Eltern beim Geschlechtsverkehr gesehen und beneidet habe. »Wir alle würden andernfalls vielleicht gesünder denken. Oder meine ich, wir wären naiv geblieben?«

Eine jener gekrümmten gusseisernen Puffersäulen, die in früheren Zeiten den Gehsteig zur Straße hin abgrenzten, ist neben Freuds Geburtshaus erhalten geblieben, für Leslie Chamberlain ein offenkundiges phallisches Symbol, ebenso wie der Schlüssel für sie nicht ein aus der Geschichte des Hauses erklärbares Zunftzeichen ist, sondern Symbol der Fruchtbarkeit und damit des Glücks.

Leslie Chamberlain, die daheim auf einer Webseite das Verkaufsangebot einer englischen

Immobilienfirma für das Freud-Haus gefunden hatte, mit fünf Millionen Kronen noch höher im Preis, als uns seinerzeit der Bürgermeister berichtet hatte, hat nach Příbor als Geschenk die Zusage einiger Freunde mitgebracht, je tausend Pfund für den Freud-Fonds zu spenden. Angenommen, auch Dr. Laible, Ing. Strakosch und die anderen Mitglieder des Fonds würden eine erfolgreiche internationale Betteltour veranstalten, was dann? Im zweiten Schritt müsste man das Haus in den ursprünglichen Zustand versetzen. Nur außen? Oder auch innen? Freuds Familie, also Vater Jacob, seine dritte Frau, Amalia Nathanson, seine Tochter Anna und sein Sohn Sigismund Schlomo (später Sigmund) aus dieser Ehe, wohnte in einem einzigen Zimmer. Wenn man das Haus in ein Freud-Museum umgestalten will, womit stattet man es aus? Die Freud-Memorabilia sind zwischen Wien und London aufgeteilt, in der Berggasse 19 am Alsergrund befindet sich das Behandlungszimmer Freuds, die analytische Couch, die Antikensammlung und die Perserteppiche in Maresfieldgardens 20, Swiss Cottage, Stadtteil Hampstead. An Příbor haben die beiden privatrechtlichen Institutionen nichts abzugeben, schon gar nicht Sponsoren, auf die sie selbst angewiesen sind.

Als Jacob Freud nach Wien auf Brautschau fuhr und mit der Tochter eines Leopoldstädter Rabbiners nach Příbor zurückkehrte, lebte er nur knapp über der Armutsgrenze. Wie schon sein Vater reiste er mehrmals jährlich in den Ort, wo seine Vorfahren gelebt hatten, nach Tysmenice in der Provinz Bukovina des Königreichs Galicien, das seit dem 18. Jahrhundert zur österreichisch-ungarischen Monarchie gehörte, nahm aus Příbor Textilien mit und brachte Rohstoffe, vor allem Hanf, Honig und Talg, zurück. Freies Niederlassungsrecht gab es für zugewanderte Juden in Österreich-Ungarn erst nach 1848, vorher quartierten sich Jacob und die beiden Söhne aus seiner Tyskmenitzer Ehe in dem später eingemeindeten Nachbarort Příbors Klokočany ein. Um die Mitte des 19. Jahrhunderts gab es in Příbor unzählige textilverarbeitende Familienbetriebe, die dann von der Industrialisierung um ihre Existenz gebracht wurden. Damit brach auch Jacob Freuds mühsamer Handel zusammen, der auf dem Preisgefälle zwischen der achthundert Kilometer von Příbor entfernten Bukovina und der mährischen Cottage-Industrie beruhte.

Der Bürgermeister von Příbor hat mit der Gründung der örtlichen Freud-Gesellschaft immerhin einiges für die Forschung erreicht. Man hat – endlich – die Identität des Kindermädchens eruiert, das in Freuds Selbstanalyse als Objekt frühkindlicher Begierde eine so große Rolle spielt. Sie hieß Monika Zajíc und war ihrem Namen nach möglicherweise eine Verwandte des Hausherrn der Freuds, des Schlossers Zajíc. Bekanntlich hinterließ sie eine bleibende Spur in Freuds Unbewussten, weil sie so jäh aus seiner frühen Kindheit verschwand. Sein Halbbruder Philipp hatte sie wegen Diebstahls angezeigt, was zu ihrer Verhaftung führte.

Als sechzehnjähriger Gymnasiast besuchte Freud in Příbor während seiner Ferien die Familie Fluß, die wie die Freuds aus Tysmenice stammte, verliebte sich in eine der Töchter und schrieb dem jungen Fluß, Emil, einige Briefe. Die Familie Fluß war jedenfalls ungemein erfolgreich, gründete 1864 eine Fabrik, kaufte später andere dazu, und in der Broschüre mit alten Ansichten sieht man die Fluß'sche Hutfabrik, wie sie um 1900 ausgesehen hat, an der Lubina liegend mit zwei rauchenden Schornsteinen und mehreren dreistöckigen Gebäuden. Auf einer anderen Aufnahme, von 1920, sieht man sie mit der neuerbauten Brücke über die Lubina im Vordergrund und den Fluß'schen Familienhäusern. Die Familie Fluß war reich, auch noch in der Zwischenkriegszeit. Was mit ihr unter den Deutschen geschah, als Příbor dem Sudetenland zugeschlagen wurde, kann man erahnen.

Um 1900 herum malten sich die Bürger Příbors eine glorreiche Zukunft aus, wie man auf einigen Grußpostkaren von der großen Landsmannschaftsausstellung sieht: einen Freihafen an der Lubina mit Dampfern und Segelschiffen, die Ausstellungstraße mit einer Tramlinie und Flugzeugen in der Luft, am Hauptplatz anstelle der heutigen Westfront ein historizistisches Palais und gleich zwei Straßenbahnlinien. Außer den fünf Freud-Gedenkstätten hat der Bürgermeister heute noch andere Attraktionen im Angebot: Das Renaissance-Haus am Freud-Platz, die Residenz des Kardinals Dietrichstein, der im 17. Jahrhundert der Stadt viele zusätzliche Privilegien verschafft hatte, eine Quelle, nach dem heiligen Jan Sarkander benannt, der hier mit seiner Mutter und seinen Brüdern, von Polen zugezogen, einige Jahre wohnte, viele andere Denkmäler, darunter eines für die Opfer des Kommunismus, und vor allem weitere Geburtshäuser berühmter Leute, wie zum Beispiel nur sechs Kilometer entfernt, in Hukvaldy, dasjenige des Komponisten Leoš Janáček. Janáčeks Eltern wohnten in Příbor, erzählt der Bürgermeister etwas wehmütig, und erst als die Mutter mit Leoš im sechsten Monat schwanger war, übersiedelten sie in das dörfliche Hukvaldy. Etwas weiter entfernt, nahe der Kreisstadt Nový Jičín, steht das Geburtshaus Gregor Mendels, des Begründers der Vererbungslehre, aus der sich mit der Entdeckung der DNS-Doppelspirale die Gentechnik entwickelte. In der später nach dem Gebirgszug Tatra benannten Nesselsdorfer Wagenfabrik im nahen Kopřivnice wurde 1897 das erste k. u. k. Automobil, »Präsident«, hergestellt. Maßgeblich beteiligt war, wie Hans Ledwinka bezeugt, der mit Ferdinand Porsche den Volkswagen entwickelt hat und aus Mähren stammt, Ing. Leopold Sviták, der dafür sogar eine Gehaltserhöhung bekommen hat. Die Geschichte hat sein Neffe ausgegraben, der 1996 verstorbene tschechische Philosoph Ivan Sviták, der nach seiner Emigration 1968 zu sieben Jahren Haft in absentiam verurteilt worden war und im Campus Chico der University of California einen Lehrstuhl für die Geschichte des Marxismus versah. Er war bei seinen Studenten so beliebt, dass er bei der jährlichen Abstimmung die außerordentlich hohe Quote von 97 Prozent erreichte und innerhalb kurzer Zeit die Tenure erhielt, die begehrte Pragmatisierung.

Würde bloß der Masseur in Freuds Geburtshaus irgendwie mitspielen, so kann man die Gedanken des Bürgermeisters von Příbor lesen, könnte er ein ganzes Kombinat von Gedenkstätten berühmter Leute dirigieren, zum Wohle des Tourismus in seiner Region.

Poesie im Park: Karl Kraus und Sidonie Nádherný

Seit drei Jahren veranstaltet die Heinrich-Böll-Stiftung einen Aufsatzwettbewerb unter Deutsch lernenden tschechischen Gymnasiasten mit dem Motto »Poesie im Park« und stellt dann die Ergebnisse im Gemeindesaal von Vrchotovy Janovice vor. Es gibt mehrere Orte namens Janovice in der Tschechischen Republik. Das Janovice, von dem die Rede ist, liegt an Böhmens frequentiertester Nord-Süd-Verbindung. Von Prag kommend, verlässt man die Autobahn, die nach Brünn führt, bei der Ausfahrt Budweis. Nach etwa dreißig Kilometern biegt man zwischen Olbramovice und Vranov rechts ab, überquert einen Bahnübergang, biegt noch einmal rechts ab und erreicht nach einigen Kilometern jenes Janovice, das von den anderen durch das Possessiv »Vrchotovy« unterschieden wird, nach den Rittern Vrchota von Vrchotice, denen der Ort im 14. Jahrhundert urkundlich gehört hat.

Das anmutige Schlösschen, ursprünglich eine Wasserburg, wurde barockisiert, später im Rokokostil und zuletzt um die Mitte des 19. Jahrhunderts à la mode neugotisch umgestaltet. Zum Schloss gehört ein Park, und dieser Park war die große Leidenschaft der letzten

Schlossherrin, Sidonie Nádherný von Borutín. Sie hatte auf ihrem Schloss Umgang mit berühmten Schriftstellern und Künstlern, darunter Karel Čapek und Adolf Loos. Allein die Freundschaft mit Rilke, durch eine umfangreiche Korrespondenz belegt, würde ihr einen Platz in der Literaturgeschichte sichern. Doch es ist ihre Beziehung zu Karl Kraus, derentwegen sie einen prominenten Platz unter den Musen der Moderne einnimmt.

Kraus lernte die Baronesse am 8. September 1913 im Wiener Café Imperial kennen, wo er ihr von ihrem Cousin Max Graf von Thun und Hohenstein vorgestellt wurde. Kraus war fast vierzig Jahre alt, die Baronesse achtundzwanzig. Es war Liebe auf den ersten Blick, für beide. Für Kraus blieb es eine große Liebe bis an sein Lebensende, die Baronesse spielte mit dem bereits berühmten Satiriker und Dichter 23 Jahre lang ein emotionelles Jo-Jo, das er willig ertrug, vermutlich sogar genoss.

Das Geschlecht der Nádhernýs (zu deutsch so viel wie »Herrlich«) kann man bis ins 17. Jahrhundert zurückverfolgen, geadelt wurde zuerst der Urgroßvater, der mit einem Stahlwerk in Südböhmen den Reichtum der Familie begründete, dann der Großvater, der das Prädikat »Ritter von Borutin« erhielt. Als 1895 Sidonies Vater Karl starb, ersuchten seine Witwe und ihre Kinder um die Erhebung in den Freiherrenstand, Kaiser Franz Joseph entsprach ihrem Ansuchen. Nach dem Tod der Mutter 1910 erbten die Kinder, der ältere Sohn Johannes Nepomuk und die ein Jahr jüngeren Zwillinge Karl Borromäus und Sidonie den Besitz Vrchotovy Janovice, zu dem außer Schloss und Park noch Wald, Landwirtschaft, eine Spirituosenfabrik und eine Ziegelei gehörten.

Johannes bereitete sich auf die Übernahme der Verwaltung der Familiengüter vor. Karl studierte Jus. Sidonie unternahm ausgedehnte Reisen, zunächst, bis zu deren Tod, mit ihrer Mutter, später mit ihrer englischen Gesellschafterin Mary Cooney. Die erste große Reise führte Mutter und Tochter 1906 nach Paris, wo sie bei einem Besuch im Atelier August Rodins dessen Privatsekretär René (später Rainer) Maria Rilke kennen lernten. Rilke folgte der Einladung, die Nádhernýs auf ihrem Besitz zu besuchen, schon ein Jahr später und berichtete an seine Frau Clara, es sei ein bisschen »wie eine Kindergesellschaft« gewesen, »nur dass es keine Großen gab und man die Spielzeugschachteln innerlich auspackte …« Zu den ausgepackten Spielzeugschachteln gehörte auch eine Erinnerung Rilkes daran, dass das Schloss Kamenice in Südböhmen, das sein Urgroßvater gekauft hatte, zuvor Eigentum von Sidonies Vorfahren gewesen war.

Rilke kam nur noch zwei Mal zu Besuch, doch die Beziehung zu den Geschwistern Nádherný war ihm so wichtig, dass er mit ihnen bis zu seinem Tod in ständigem brieflichen Kontakt blieb. So wichtig jedenfalls, dass er in einem Schreiben aus Paris, vom 21. Februar 1914, vorsichtig, aber entschieden und ernst Sidonie vor einer allzu engen Verbindung mit Karl Kraus warnte, weil ihr seine dezidiert plebejische und darüber hinaus jüdische Herkunft gesellschaftlich schaden könnte. Er bestätigt, dass seine Frau Clara, Rodins Assistentin, den Marmor erhalten hat, auf den sie die fertig modellierte Porträtbüste Sidonies übertragen wollte. »... er (Karl Kraus) kann Ihnen nicht anders als fremd sein, ein fremder Mensch ... überlegen Sie das, Sidie, – das ganze, gute, treue Janowitz wird Ihnen dabei beistehen ...«

Den in ihren Kreisen üblichen Antisemitismus hatte Sidonie selbst schon früh einbekannt. In dem Fragenbogen, den sie für das Stammbuch ihres Bruders ausfüllte, findet man unter der Rubrik »Deine unüberwindliche Abneigung« von ihrer Hand ein schlichtes »gegen Juden« eingetragen. Als sie Werfel kennen lernte, so berichtet Rilke, war sie von seinem Aussehen richtig erschreckt: »Ein Judenbub!« Der Judenbub, damals schon gefeierter Dichter, revanchierte sich mit abfälligen Bemerkungen über die »schöne« Baronesse, was wiederum ein Anlass für Kraus war, seine Beziehungen zu Werfel abzubrechen.

Noch 1929 beschwerte sich Kraus über Sidonies Bemerkung, zwei seiner Mitarbeiter (Eugen Auernbach und Georg Knepler) an einer Münchner Offenbach-Produktion hätten »herausfordernd jüdische Gesichter«. Er schreibt: »Ich weiß genau, dass Du es nicht so meinst, aber ich möchte nicht das Vorurteil dieses äußerlichen Eindrucks gegen einen jungen Menschen angewandt wissen, der nachweislich kein Handelsjud, also nicht um Noten andern Begriffs bemüht ist …« (Brief vom 11./12. März 1929). Sein Argument, dass Knepler (ein renommierter Pianist, der später nach England emigrierte) kein »Handelsjud« sei, ist freilich verräterisch auch hinsichtlich seiner eigenen Ambivalenz dem Judentum gegenüber. Als wären »Handels«- verglichen mit »Geistes«-Juden Juden zweiter Klasse!

Sidonies älterer Bruder Johannes, dem sie, so deuten zumindest Nacherzählungen ihrer Vita an, mehr als bloß geschwisterliche Zuneigung entgegenbrachte, beging 1911 im München Selbstmord. Ihr Zwillingsbruder Karl starb 1931. Von wirtschaftlichen Schwierigkeiten bedrängt, zog sich Sidonie zurück und widmete sich der Pflege des Parks, den sie gemeinsam mit dem bekannten deutschen Gartenarchitekten Camillo Schneider in den zwanziger Jahren umgestaltet hatte. Als Böhmen und Mähren Reichsprotektorat wurden, errichtete die SS in dem Gebiet zwischen Moldau im Westen und der Nord-Süd-Verbindung Prag–Budweis im Osten, dem Fluss Sázava im Norden und der

Bahnverbindung Olbramovice–Sedlcany im Süden einen Truppenübungsplatz mit mehreren Konzentrations- und Zwangsarbeitslagern ein, eines davon auch in Vrchotovy Janovice am südöstlichen Zipfel dieses Gebiets. Im Schloss etablierte man eine Panzerreparaturwerkstatt. Der Baronesse wies man eine Unterkunft in der Kate der Meierei Voracice zu. Nach Kriegsende verwüsteten sowjetische Truppen das Schloss, der Landbesitz wurde im Januar 1948 parzelliert, knapp vor dem kommunistischen Putsch also. Sidonie flüchtete 1949 nach London. In der englischen Emigration lebte sie von den Zuwendungen ihrer Freunde, am 30. September 1950 starb sie in Harefield, in der Grafschaft Middlesex, an Krebs.

Auf Initiative des damaligen tschechischen Botschafters in Bonn, Jiří Gruša, wurde ihr Leichnam fast vierzig Jahre später exhumiert und nach Vrchotovy Janovice überführt, wo man sie im Rahmen einer feierlichen Zeremonie am 25. Mai 1999 im Familiengrab beisetzte. Abgesehen von der ideellen Bedeutung dieser Geste der Wiedergutmachung und Versöhnung hat sich Jiří Gruša, gegenwärtig Präsident des Internationalen PEN-Clubs, noch in Bonn und später als tschechischer Botschafter in Wien dafür eingesetzt, im Schloss ein trilaterales Begegnungszentrum einzurichten, für den Meinungsaustausch zwischen tschechischen, deutschen und österreichischen Intellektuellen.

Für ein Begegnungszentrum ist das Schloss im gegenwärtigen Zustand freilich denkbar ungeeignet. Es gibt noch keinen Raum, in dem man etwa eine Lesung mit mehr als zwei Dutzend Zuhörern oder gar eine Roundtablediskussion durchführen könnte. Bei den ersten Veranstaltungen im Gemeindesaal waren die Teilnehmer in einem abgewohnten Hotel an der Umfahrung von Benešov untergebracht. Später ging man dazu über, die jeweiligen Tagungen in Prag durchzuführen, im Nationalmuseum, im Goethe-Institut, im österreichischen Kulturforum, und karrte dann anderntags die Teilnehmer zu einem Festvortrag und einer Schlossbesichtigung mit dem Bus nach Vrchotovy Janovice und am Abend zurück.

Schloss und Park gehören seit 1957 dem Prager Nationalmuseum. Nach dem Abzug der Sowjetarmee wurde der Besitz verstaatlicht, das Verfügungsrecht hatte der Nationalausschuss des Bezirks Votice, der die Nutzung dem örtlichen Nationalausschuss (sprich dem Gemeindeamt) übertrug. Dieser wiederum stellte das Schloss dem (staatlichen) Mitteltschechischen Bekleidungsgroßhandel zur Verfügung, der sein Textilienlager jedoch liquidierte, als es in die Räume hineinzuregnen begann. Vor dem endgültigen Verfall hat das Schloss ein Mitarbeiter des Nationalmuseums, Otto Janka, gerettet, auf der Suche nach Lagermöglichkeiten für seine Sammlungsbestände. Aus dem reichen

Angebot wählte er Vrchotovy Janovice aus, vermutlich schon mit dem Hintergedanken, dass man es mit den damit notwendig gewordenen Restaurationsarbeiten als wichtiges Denkmal tschechischer Kultur retten könnte. Den Mitarbeitern des Nationalmuseums gelang es, die örtliche Bevölkerung in die Renovierungsarbeiten einzubinden. Man verhinderte die Absicht der Kommune, das Familiengrab aufzulassen, um den angrenzenden Gemeindefriedhof zu erweitern.

Der Park in der Größe von circa fünfzehn Hektar war in einem womöglich noch desolateren Zustand als das Schloss. Die Mauern waren niedergerissen, wertvolle Bäume waren gefällt und zu Brennholz verarbeitet worden. Wildwuchs überwucherte den Park. Auch hier half die Ortsbevölkerung, den Park zu retten.

Angesichts der damals herrschenden Ächtung aller Reste aristokratischer Lebensweise war der Beitrag der Bevölkerung zur Rettung von Schloss und Park mutig. Andererseits – wie ich aus eigener Erfahrung weiß, musste sich jeder, der eine positive Kaderbeurteilung brauchte, dazu verpflichten, eine bestimmte Anzahl von Arbeitsstunden bei der Erntehilfe oder anderen Einsätzen zu leisten. Als ich 1950 nach der Absolvierung der Einheitsmittelschule an einem Gymnasium weiterstudieren wollte, brauchte ich nicht nur die Empfehlung des lokalen Komsomol (des kommunistischen Jugendverbandes), sondern musste auch in den Ferien auf einem Staatsgut in Südmähren eine neue Senkgrube ausheben.

Gleichsam unter der Hand hat das Nationalmuseum Mitte der achtziger Jahre die ehemalige Schlossherrin wieder in ihre Rechte auf ein entsprechendes Gedenken eingesetzt: 1986 hat man im oberen Stockwerk eine Dauerausstellung »Böhmische Gesellschaft im 19. Jahrhundert« installiert, mit zwei Rilke und Kraus gewidmeten Räumen, teilweise eingerichtet mit den ursprünglichen Möbeln, Bildern und Kunsthandwerk. Man kann wieder nachvollziehen, wie idyllisch das Ensemble von Schloss und Park auf die Besucher Sidonies gewirkt haben muss.

Rilke schrieb an Sidonies Bruder Johannes, »Janowitz hat eine feste Stelle in solchem Heimatgedanken, es steht mir stark in Gefühl und Angedenken, ganz stark«, und erinnerte Sidonie immer wieder an ihr Versprechen, ihm Janowitz als Rückzugsmöglichkeit offen zu halten, sollte er nach Böhmen zurückkehren wollen. Wie schon seine Mutter war auch Rilke ein Snob, dem Umgang mit dem Adel wichtig war. Sidonie ermöglichte ihm dann 1919 die Aufnahme auf dem Sommersitz der Gräfin Mary Dobrzensky in Nyon am Genfer See, und in der Folge verlegte er seinen ständigen Wohnsitz in die Schweiz.

Für Karl Kraus war der Park ein Garten

Eden und das Schloss Inbegriff aristokratischer Lebenshaltung. Sidonie war nach dem Selbstmord ihres geliebten Bruders Johannes in psychisch labiler Verfassung und die Intensität der Gefühle, die ihr Karl Kraus entgegenbrachte, füllte eine emotionelle Lücke. Mag sein, dass sie tatsächlich daran dachte, Karl Kraus zu heiraten. Wie sonst lässt sich Rilkes briefliche Intervention erklären? Neuerdings nimmt man Rilke in Schutz: Sidonie vor der Verbindung mit einem »Fremden«, i. e. Juden zu warnen, sei ihm von seiner Frau Clara Westhoff aufgetragen worden. Die Bildhauerin hat übrigens noch während ihrer Lehrzeit bei Rodin eine Porträtbüste Sidonies modelliert.

Allerdings stellte sich auch Sidonies Zwillingsbruder Karl, nach dem Tod von Johannes Oberhaupt der Familie, entschieden gegen ihre Verbindung mit Kraus. 1914, als Rilke seinen Brief schrieb, ein Jahr also nach dem »coup de foudre« im Café Imperial, hatte Sidonie den um einiges älteren italienischen Aristokraten Carlo Conte Guicciardini kennen gelernt (sein Vorfahre Francesco, Freund Niccoló Macchiavellis, hat die erste Universalgeschichte Italiens verfasst, sein Nachfahre, Roberto, ein bedeutender Theaterregisseur, hat in San Gimignano die Avantgardeformation »La Rocca« gegründet). Auf Drängen ihres Bruders verlobte sie sich mit ihm, in Rom war bereis das erste und das zweite Aufgebot bestellt, als im Frühling

1915 Italien auf der Seite der Alliierten in den Krieg eintrat. Die österreichischen Hochzeitsgäste reisten überstürzt ab. Die Absage der Trauung begründete man mit der Einberufung des Bräutigams.

In ihrem Tagebuch, das sie in Englisch führte, vermerkt Sidonie jedenfalls: »Carlo in the war, perhaps dead, & if not, does he love me yet? & K. K., so kind, so good, & I cannot make his life happy, because my thoughts and feelings are in the past …«

Karl Kraus hielt sich 1915 zweimal in Rom auf, das zweite Mal, um anlässlich der Hochzeit in »Sidis« Nähe zu sein. Als Hochzeitsgeschenk brachte er einen silbernen Toilettespiegel mit. Er war erleichtert, dass die Ehe nicht zustande gekommen war, doch die Anspielungen in seinen Briefen aus dieser Zeit lassen erkennen, wie sicher er sich war, Sidonie würde auch nach ihrer Verehelichung ihre Beziehung zu ihm weiterführen.

In der Öffentlichkeit und auch in ihrem Briefwechsel waren Sidi und Karl Kraus bemüht, ihre intime Beziehung geheim zu halten, auch wenn sie sicherlich weder für seine noch für ihre Freunde ein Geheimnis war. Bruder Karl jedenfalls wachte darüber, dass Sidi nicht ohne Begleitung nach Wien reiste, und Kraus musste, sooft er in Janovice, wo ihm zwei Zimmer im Parterre zur Verfügung standen, des Nachts Sidonie in der Beletage aufsuchen wollte, Acht geben, dass ihn die knarrende Stiege nicht verriet. 1919 verlobte sich die Baronesse – überraschend, sie erzählte es ihrem Bruder erst wenige Tage vor der Hochzeit – mit ihrem Cousin, Max Graf Thun-Hohenstein, der ihr einst Karl Kraus vorgestellt hatte. Die Trauung fand am 20. April 1920 im Stift Heiligenkreuz statt, doch schon nach wenigen Monaten des gemeinsamen Lebens in Prag und in Wien trennten sich Sidonie und Max wieder, scheiden ließ sie sich freilich erst 1933. War es tatsächlich »a strange, mysterious love«, wie sie in ihren Tagebüchern notiert hat? Der Graf war ein Exzentriker. In Gesellschaft nannte man in den »hüpfenden Affen«, der Spitzname bezog sich auf seine zwanghafte Gewohnheit, vorzuführen, wie hoch er aus dem Stand springen konnte.

Karl Kraus hatte gegen eine »ménage à trois« wenig einzuwenden, im Gegenteil. Dennoch kam es zu einer Entfremdung. »With K. K. I broke. I noticed that even he has a small, bad character …«, hält sie im Jänner 1924 in ihrem Tagebuch fest. Erst drei Jahre später nimmt sie K. K. wieder in Gnaden auf. Sie reist viel, in Europa, im Nahen Osten, in Nordafrika. K. K. finanziert ihr die Reisen, kauft ihr Automobile. Ihre wirtschaftlichen Schwierigkeiten werden immer größer, besonders als ihr Bruder 1931 unerwartet stirbt und sie eine Hypothek auf den Besitz aufnehmen muss, um die Erbschaftssteuer zu zahlen.

»Ich büßte mehr, als er litt«, schreibt sie nach dem Tod von Karl Kraus am 12. Juni 1936. Karl Kraus, kein Zweifel, hat nur zwei Frauen geliebt, zwei Jahre lang die Schauspielerin Annie Kalmar und lebenslang dann Sidonie. Mitleid war ein wesentliches Element seiner Liebe zu Annie Kalmar, denn Schauspielerinnen zählten für ihn zur Kategorie der Frauen, die sich notgedrungen von Männern ausbeuten lassen mussten. Sidonie hingegen gehörte für ihn zu einer anderen, abgehobenen gesellschaftlichen Sphäre. Ihr engerer Freundeskreis entstammte vor allem der österreichischen Hocharistokratie – Lobkowicz, Lichnowsky, Lumbe-Mladota, Pejacsevich-Lumbe, Dobrzensky. Das definierte ihre Attraktivität für Rilke und auch für Karl Kraus.

Dass die Prager Bolzano-Gesellschaft für die Durchführung der ersten trilateralen Veranstaltungen auf Schloss Janovice einen Verein »Salon Sidonie Nádherný« gründete, war eine nette Idee, mehr nicht. Denn Sidonie führte auf ihrem Schlösschen keinen Salon im Proust'schen Sinn, hatte keine Jour fixe eingerichtet wie etwa noch Elsa Thurn im Wien der sechziger Jahre. Nicht einmal die engere Runde, also Karl Kraus, Mechtilde Lichnowsky, Dora Pejacsevich und Niny Mladota, versammelte sich bei ihr mit einiger Regelmäßigkeit. Mit dem Ehepaar Max und Gillian Lobkowicz und mit den Töchtern des Staatspräsidenten T. G. Masaryk,

Alice und Anna, teilte sie ihre Leidenschaft für die Park-Gestaltung. (Auf der Prager Burg wie auch in Lány und Konopište, zwei Schlösser, die Masaryk als Sommeraufenthalt zur Verfügung standen, gibt es ausgedehnte Parkanlagen.)

Erst nachdem Karl Kraus Sidonie Nádherný kennen gelernt und auf ihrem Besitz besucht hat, begann er Lyrik zu schreiben, rund fünfzig Gedichte, allesamt vom Schlosspark und der Schlossherrin inspiriert. Im Park schrieb er einen großen Teil der »Letzten Tage der Menschheit«, die mehr noch als die gesammelten Jahrgänge der »Fackel« seinen Anspruch auf Unsterblichkeit begründen. Für Kraus war das Schloss »Xanadu«, der Park ein Garten Eden. Er wünschte sich im Park eine Wiese und im Schloss Wohnrecht auf Lebenszeit, beides sollte testamentarisch bestätigt werden.

Sidonies Leben gleicht in den zwanziger Jahren einem Roadmovie. Sie unternimmt Reisen, mit dem Zug, Schiff und in Autos, die ihr Karl Kraus kauft, nach Kairo, Konstantinopel, Genua, Florenz, Berlin, Jena, Weimar, wiederholt nach Schweden, hält sich mehrere Wochen im Salzkammergut und in England auf. Nach dem Tod ihres Bruders schränkt sie die Reisen ein, die wenigen subventioniert ihr Karl Kraus, der dann nach seiner schweren Erkrankung Janovice immer seltener besuchen kann.

Gegenwärtig wird der Park restauriert, mithilfe einer Dotation des deutschen Kulturministeriums, die von der »Grünen«-Politikerin Antje Vollmer angeregt wurde. Nach den Plänen des Nationalmuseums sollen die Räume im Parterre, darunter auch die ehemalige Kapelle, so ausgestaltet werden, dass man kleinere Tagungen und Seminare abhalten kann. Die Reparatur der Schäden, die das Hochwasser im Sommer 2003 in den Archiven und Depots des Nationalmuseums angerichtet hat, bindet jedoch die Mittel, die im Budget für Investitionen vorgesehen sind, auf Jahre hinaus.

Der Nachlass von Karl Kraus ist verstreut, die Karl-Kraus-Forschung auf mehrere angelsächsische Universitäten verteilt, die nach Kriegsende geplante Einrichtung einer Karl-Kraus-Gesellschaft in Wien ist nie zustande gekommen. Im Zeitalter der elektronischen Vernetzung durch das World Wide Web ist die Idee des neuen Direktors des Nationalmuseums, Milan Lukeš, in Janovice ein Karl-Kraus-Studienzentrum einzurichten, auch von der Kostenseite her keine Utopie. Schließlich hat sich Karl Kraus gewünscht, im Park von Janovice bestattet zu werden. Dass man seine geliebte Sidi auf einem englischen Dorffriedhof zur letzten Ruhe tragen würde, konnte er nicht ahnen. Immerhin sind ihre sterblichen Überreste, dank der Phantasie eines tschechischen

Lyrikers, wieder zurückgekehrt, in den Park, der ihr Vermächtnis ist. Karl Kraus freilich ist auf dem Wiener Zentralfriedhof begraben

Náchod – die Stadt der »Feiglinge«

Josef Škvorecký, der (neben Milan Kundera) bekannteste und meistübersetzte tschechische Erzähler der Gegenwart, schrieb 1949 einen Roman, »Zbabělci« (Die Feiglinge), über das Verhalten der Bewohner einer Kleinstadt in der letzten Woche des Zweiten Weltkriegs. Die Kleinstadt heißt Kostelec, doch unverkennbar handelt es sich um Náchod, einen Ort an der tschechisch-polnischen Grenze, wo Škvorecký geboren wurde. Erst ein Jahrzehnt später ging der Roman in Druck. Auf die ersten, freundlich herablassenden Kritiken folgte eine Hetzkampagne. Man beschuldigte den Autor, »ein großes Ereignis der tschechischen Geschichte als Staffage für die Beschreibung der amourösen Abenteuer eines Hooligans« benutzt zu haben. »Die Häufung ordinärer Ausdrücke und der erotische Exhibitionismus zeigen, dass der Roman nur billige, exhibitionistische Sensationshascherei ist … ein tschechoslowakischer Bestseller.« Das Buch als »Bestseller«, also als kapitalistisches Phänomen abzuqualifizieren, war wohl das Todesurteil. Die Auflage wurde eingezogen. Entweder hatte sich die Zensur verkalkuliert oder der Verlag war zu voreilig gewesen. Schließlich hatte Škvorecký eine unverdächtige Biografie: Nach der Matura 1943 Hilfsarbeiter in einem deutschen kriegswichtigen Betrieb, nach 1945 Studium der Anglistik und Philosophie an der Karlsuniversität, dann Mittelschullehrer und Doktorat mit einer Arbeit über Thomas Paine, schließlich Lektor des Staatsverlags für Belletristik. Ohne eine positive Kaderbeurteilung hätte er weder Lehrer werden noch promovieren können.

1964, als sich das poststalinistische Tauwetter bereits deutlich abzeichnete, wagte es der Verlag des Schriftstellerverbands, Škvoreckýs Erstling neu aufzulegen, mit einem Vorwort des Autors, der zwar das »mea culpa« nicht verweigerte, doch der seinerzeitigen Kritik Missverständnisse vorhielt. Begriffe wie Heimat und Revolution hätten nun einmal für das Bürgertum und für die Marxisten einen jeweils verschiedenen Inhalt. Diesmal durfte der Roman ausgeliefert werden, weitere Auflagen folgten, die fünfte dann bereits in Toronto, wohin Škvorecký 1969 ausgewandert war und wo er als emeritierter Universitätsprofessor heute noch lebt. In Toronto gründete und führte er, gemeinsam mit seiner Frau Zdeňka Salivarová, den Verlag für Exilliteratur Publishers 68.

Zu seinem achtzigsten Geburtstag ehrt ihn die Stadt, in der er am 27. September 1924 geboren wurde, mit einer Reihe von Festveranstaltungen. Náchod hat die übliche, bis ins Mittelalter zurückreichende Geschichte. Ihre

Hochblüte hatte sie unter den Herren Smiřický von Smiřice im 16. Jahrhundert erreicht. Sie ließen die Burg zu einem Renaissanceschloss umbauen. Nach der Schlacht am Weißen Berg schenkte der Kaiser die Stadt dem General Ottavio I. Piccolomini von Amalfi und dankte ihm damit den Verrat an Wallenstein, zu dessen Leibwache Piccolimini gehört hatte. Zuletzt, bis 1945, gehörte das Schloss, unter Piccolomini barockisiert, dem deutschen Adelsgeschlecht Schaumburg-Lippe. Mitten am Hauptplatz, der heute wieder nach dem Staatspräsidenten T. G. Masaryk benannt ist, befindet sich die frei stehende St. Lorenz-Kirche, im Kern gotisch, später barockisiert. Sie hat einen wuchtigen und einen schlanken Zwiebelturm aus Holz. Der eine heißt Adam, der andere Eva. Neben dem Rathaus an der Westfront steht das secessionistische Hotel Beranek, in dessen hinterem Trakt sich das Stadttheater befindet. Der Bühnenvorhang stammt von dem populären tschechischen Maler Mikoláš Aleš.

Das Kaffeehaus im Hotel Beranek heißt Café Danny, nach dem Ich-Erzähler der »Feiglinge«, Daniel Smiřický, benannt. Danny, der den gleichen Zunamen trägt wie die hussitische Herrschaft, der die Stadt im Mittelalter gehörte, ist Škvoreckýs Alter Ego und tritt in fast allen seinen Romanen und Erzählungen auf. Das Kaffeehaus ist bis ins kleinste Detail restauriert. Man sitzt komfortabel in schweren, mit rotem

Leder gepolsterten Fauteils, die sich freilich nur mit einigem Kraftaufwand hin und her schieben lassen, etwa wenn man aufstehen oder näher an die Messingtische heranrücken will. Der Ober trägt eine schwarze Hose, eine rote, ärmellose Weste über einem untadelig gebügelten weißen Hemd, er ist eben gekleidet, wie es sich für einen Ober gehört, und benimmt sich auch so, mit einer freundlichen Höflichkeit, liebenswürdig und zuvorkommend, ohne servil oder zudringlich zu sein.

Auf der Suche nach Informationen zu Škvoreckýs Jahren in Náchod wende ich mich an das Kulturreferat, das im Rathaus nebenan untergebracht ist, und werde von der Kulturreferentin sofort empfangen. Škvoreckýs Vater war ein Bankbeamter, ein leidenschaftlicher Sokol (Falke – so hieß der patriotische Turnverein, die Grundidee stammt vom deutschen Turnvater Jahn) und Laienschauspieler. Die Familie wohnte zuerst in der Komenský (Comenius) Straße, aus irgendeinem Grund jedoch erklärt mir die Referentin nur, wo sich das Haus befindet, in dem Škvorecký mit seiner Familie später lebte, bis er 1945 sein Studium in Prag antrat – zuerst Medizin, dann Anglistik. Die Straße heißt Kamenice, ist die Hauptgeschäftsstraße, die in den Hauptplaz mündet, und Fußgängerzone. Gerade nur eine Spur verlegen, erklärt mir die Referentin, dass das Haus nicht schwer zu finden ist, obwohl man keine Gedenktafel angebracht hat. Es beherbergt einen Sexshop, der in einem der beiden straßenseitigen Geschäfte des schmalen, dreistöckigen, architektonisch eher unbedarften Wohnhauses untergebracht ist und, wie die Auslage zeigt, aus seiner Bestimmung keinen Hehl macht.

In der gleichen Straße wie das Wohnhaus, nur näher zum Hauptplatz, befindet sich die Stadtbibliothek. Einem Impuls folgend gehe ich die Treppe hoch zur Leihstelle und schaue, was an Škvoreckýs Büchern in den Regalen steht. Ich frage die junge Frau, die für die Ausleihe zuständig ist, nach der Beliebtheit Škvoreckýs, wie sie sich in der Leihfrequenz spiegelt. Sie verweist mich an die Leiterin der Stadtbibliothek. Genaue Zahlen kann oder will mir auch die Frau Direktor nicht nennen, doch sie erzählt von propädeutischen Veranstaltungen, in denen der Schuljugend Škvoreckýs Werk nahe gebracht wird. Wie verhält man sich im Ort zu der Haltung der »Feiglinge« den Deutschen gegenüber? Selbst zu feige, um den Sachverhalt direkt zu benennen, also die Beneš-Dekrete und die von Exzessen begleitete Vertreibung der Sudetendeutschen anzusprechen, bekomme ich eine ausweichende Antwort und vermute, dass gerade dieses Buch nicht zu den beliebtesten des Autors gehört. Denn schon nach der Erstveröffentlichung hat sich so mancher Bürger von Náchod in Škvoreckýs Gestalten wiedererkannt.

Nach dem Erstling hat Škvorecký noch eine Reihe von Romanen geschrieben, in deren Mittelpunkt sein Alter Ego steht, etwa »Tankový Prapor« (Tankbrigade) über die beiden Jahre seines Militärdienstes. »Tankový prapor« sollte 1968 erscheinen, also schon zur Zeit des Prager Frühlings, doch die Fahnen wurden vor dem Druck vernichtet. Den satirischen, ungemein unterhaltenden Roman, der in vieler Hinsicht an Hašeks »Schwejk« erinnert, verlegte dann Škvorecký selbst in seinem Exilverlag, er wurde mehrfach übersetzt, unter anderem auch ins Japanische. Das weitaus beliebteste Buch, in dem Danny Smiřický auftritt, ist jedoch »Prima Sezona« (Eine prima Saison), ein 1975 erschienener Sammelband mit Erzählungen.

Die titelgebende Erzählung ist von allen Danny-Smiřický-Geschichten die am stärksten autobiografische. Škvorecký hatte nach dem Schulabschluss in den Messerschmitt-Werken gearbeitet, spielte Saxophon in einer lokalen Jazzband, saß in dem Café, das später nach seinem Protagonisten benannt wurde, beobachtete, wie das dann der Ich-Erzähler beschreibt, das Treiben am Hauptplatz, die attraktiven Gymnasiastinnen, die von ihren Kommilitonen mit Schneebällen beworfen werden. Der letzte Winter vor Kriegsende war eine prima Saison, für Danny und damit offenbar auch für den Autor.

Seit 2000 veranstaltet eine Gruppe von Enthusiasten, die das kulturelle Geschehen in der Stadt beleben wollte, unter diesem Titel ein vierzehntägiges Frühlingsfestival. Es gibt Theateraufführungen, Ausstellungen, Lesungen, Seminare für Schauspieler und Fotokurse, Sport (Hallenfußball, Tischtennis, Kanufahren auf dem Fluss Metuje) und die Höhepunkte sind jeweils zum Wochenende Jazzkonzerte. Zum Abschluss gibt es ein Feuerwerk auf den stadtseitigen Bastionen des Schlosses, das über der Stadt thront. Ersichtlich ist aus dem Programm erstens die Vielzahl der Veranstaltungsorte in der Stadt und die breite Einbindung der Bevölkerung, die offenbar die prima Saison genießt.

An Kultur hat es der Stadt zwischen den Bränden und Brandschatzungen nicht gefehlt. Die Sammlung des Schlossmuseums wird in allen einschlägigen Publikationen über Tapisserien erwähnt, weil sie ein Meisterwerk enthält, den Zyklus »Aus dem Landleben« von Jakob Jordaens, der in mehreren Serien gewebt wurde. Eine hängt im Kunsthistorischen Museum in Wien, und immer wenn von dessen Tapisseriensammlung, einer der größten der Welt, die Rede ist, wird erstens der Zyklus des flämischen Malers erwähnt und zweitens, dass eine spätere Serie in Náchod hängt. Kaiser Ferdinand II. hat sie seinem Feldherrn geschenkt

Als Peter Biron, Herzog von Sagan, die Herrschaft Náchod erwarb, führte man zu seiner Begrüßung 1797 Mozarts »Don Giovanni«

auf, die erste Aufführung nach der Prager Premiere. Die Herrschaft ging später an seine Tochter Katharina über, die sich in der Nähe, in Ratibořice, einen Sommersitz bauen ließ, wo sie mit Napoleons Gegnern konspirierte. In Ratibořice verbrachte Božena Němcová, gefeierte Autorin des ersten realistischen Romans der tschechischen Literatur, »Babička« (Großmutter), ihre Kindheit, im Bleichwerk des Schlosses und in Obhut ihrer Großmutter, einer Weberin. Sie fiel Katharina Sagan auf, die als »die Fürstin« (*kněžna*) in ihrem Roman verewigt ist. Als die in Wien 1820 geborene Božena den fünfzehn Jahre älteren Zollbeamten Josef Němec (*němec* bedeutet so viel wie Deutscher) heiratete, wohnten sie zuerst in Červeny Kostelec, einer Nachbargemeinde Náchods, wo jetzt das »Großmutter-Haus« als Denkmal der Schriftstellerin steht. Kostelec ist der Name des Ortes, in dem in Škvoreckýs Erstling Danny Smiřický das Kriegsende erlebt.

Doch die literarischen Konnotationen Náchods sind damit nicht zu Ende. Alois Jirásek, ein tschechischer Klassiker, Autor vielgelesener historischer Romane, ist in Hronov geboren, einer sechs Kilometer von Náchod entfernten Stadt. Dort wurden auch drei Jahrzehnte später die Geschwister Čapek geboren, der kubistische Maler Josef und die Schriftstellerin Helena. Karel Čapek, der berühmteste unter den dreien (»RUR«, »Die Sache Makropoulos«, »Krieg mit den Molchen« etc.) kam nur deshalb nicht, wie seine Geschwister, in Hronov bei seinen Großeltern zur Welt, weil die Stadt vom Schnee verweht war und die Mutter das Kind bei ihrem Mann gebar, dem Kurarzt von Malé Svatoňovice, einem winzigen Heilbad im Verwaltungsbezirk Náchod.

Doch Škvorecký handhabt in seinem Erstling die Sprache ganz anders als der Klassiker Jirásek oder als die Čapeks. Karel Čapek hat die Ausbildung einer modernen tschechischen Literatursprache nachhaltig mit seinen Übersetzungen französischer Lyrik beeinflusst. Škvorecký selbst überrascht mit der virtuosen Handhabung der Umgangssprache, die sich bis heute deutlich von der Hochsprache unterscheidet. Und er überzeugt mit einer Erzählhaltung, aus der heraus die Motivationen seiner Figuren klar werden, ohne dass er auf diskursive Mittel verfällt. In dem 1964 erschienenen Wörterbuch der tschechischen Literatur, also noch unter strikter Observanz der durch die ideologische Kommission des ZK ausgegebenen Richtlinien, wird diese Erzählhaltung beschrieben: »Der Autor macht den grotesken Gegensatz zwischen dem Pathos des zur Schau gestellten Patriotismus und dem eigennützig berechnenden Handeln des Kleinbürgertums sichtbar.« Danny trifft sich mit seinen Freunden zu Jazz-Sessions in einem Lokal namens Port Arthur, himmelt die schöne Helena an, verliebt sich in die schöne Irena und registriert, was in der Stadt geschieht. Immer wieder verstrickt er sich selbst in das Geschehen, aus Übermut. Dann folgen Angst und die Erleichterung, dass er wieder einmal davongekommen ist.

Die »Feiglinge« wurden in viele Sprachen übersetzt, spät auch ins Deutsche. In der DDR hat man die Ausgabe beschlagnahmt. In der Bundesrepublik hat sich, mit der Ausnahme von Bohumil Hrabal, die tschechische Gegenwartsliteratur nie richtig durchgesetzt. Milan Kundera schaffte es erst im dritten Anlauf, nachdem ihn der Prix Medici und die französischen Übersetzungen weltberühmt gemacht hatten. Sein erster Roman »Der Scherz« (Original »Zert«) war zuvor im Molden Verlag erschienen und dann in einer neuen Übersetzung bei Suhrkamp. (Milan Kundera gab mir einmal bei einem Besuch in Brünn das tschechische Manuskript von »Zert« mit der Bitte, es zu lesen und ihm zu sagen, wie es mir gefällt. Es gefiel mir außerordentlich. Ich hatte gerade für Rowohlt ein wirtschaftstheoretisches Buch aus dem Tschechischen übersetzt, Radoslav Seluckys »Reformmodell CSSR«, und schrieb Fritz J. Raddatz einen Brief, in dem ich anzudeuten versuchte, welchen Eindruck Kunderas Romanerstling auf mich gemacht hatte. Vielleicht wäre das etwas für Rowohlt? Raddatz schrieb zurück, dass im Verlag das Manuskript bekannt sei, es jedoch als Unterhaltungsliteratur nicht ins Rowohlt-Programm passe.) Škvoreckýs Erfolg im angelsächsischen Sprachbereich übertraf zwar jenen Kunderas, doch auf seine deutsche Rezeption wirkte sich das nicht aus.

Der in Aussicht genommene Beitritt der Tschechischen Republik zur EU hatte, vor allem in Österreich, eine zeitweise sehr polemisch zugespitzte Diskussion der Beneš-Dekrete und der Vertreibung der Sudetendeutschen ausgelöst. Jetzt, wo die Aufnahme vollzogen wurde, sollte man Škvoreckýs Erstling neu lesen und diskutieren. Denn die Erinnerung des fünfundzwanzigjährigen Autors an die Ereignisse der letzten Kriegswoche in Náchod war bei der Niederschrift noch frisch, seine Sicht so unverstellt, seine Haltung so kritisch, dass er Dummheit, Verschlagenheit und Brutalität auf beiden Seiten gleichermaßen scharf und zugleich verständnisvoll erfasst hat.

In Náchod erinnerte ich mich, irgendwo gelesen zu haben, dass es 1938 hier nur insgesamt vier deutsche Familien gab. Deshalb wurde die Stadt von den Deutschen nicht dem Sudetenland zugeschlagen, was der Bevölkerung freilich eher schadete als nutzte. Gab es tatsächlich so wenig Deutsche in der Stadt? Meine Gesprächspartner antworteten ganz sachlich, nach dem Anschluss hätten sich weit mehr Einwohner zum Deutschtum bekannt, nach dem 5. Mai 1945 dann niemand. Den tschechischen Opportunismus und die Stärke des tschechischen Widerstands im Reichsprotektorat hat man in der Geschichtsforschung noch nicht gründlich genug aufgearbeitet. Škvoreckýs Beitrag ist wichtig genug, um sich mit ihm noch einmal zu beschäftigen, ebenso wie jener Pavel Tigrids, der aus der englischen Emigration zurückgekehrt in der von ihm herausgegebenen sozialdemokratischen Zeitschrift *Obzory* (Horizonte) die Vertreibung der Deutschen und deren Brutalität kritisierte.

Die »Feiglinge« oder deren Erben rächten sich, als er nach der Wende, bereits als weltberühmter Schriftsteller mit kanadischer Staatsbürgerschaft mehrmals Prag besuchte (und – welche Ironie – mit dem höchsten Orden für Ausländer, dem »Weißen Löwen«, ausgezeichnet wurde). Der Name seiner Frau tauchte auf der Spitzelliste auf, die Anfang der neunziger Jahre in Umlauf geriet, und sie musste sich ihr Recht vor Gericht erkämpfen. Škvorecký versuchte 1991, seinen Anteil an Gemeinschaftsarbeiten mit seinem Freund Jan Zábrana, der inzwischen verstorben war, zu klären, und beanspruchte bei einigen die alleinige Urheberschaft. Daraufhin warf man ihm vor, Zábranas Übersetzung eines amerikanischen Romans »gestohlen« zu haben. In den fünfziger Jahren lebten viele Schriftsteller von – übrigens gut bezahlten – Übersetzungen, Škvorecký selbst übersetzte unter anderem Dashiell Hammett und William Faulkner ins Tschechische. Die

Verlagslektoren drückten ein Auge zu, wenn einer, der sich gerade besonders missliebig gemacht hatte, für seine Übersetzung den Namen eines Freundes benutzte.

Zábrana und die Škvoreckýs waren sehr enge Freunde: Das Ehepaar Škvorecký hatten wir schon bei unserem ersten Besuch in Prag 1965 kennen gelernt und dann etliche Abende in ihrer Wohnung verbracht. Meistens war auch Bohumil Hrabal dabei, der über die Rolle der Verfremdung in seiner Prosa dozierte, und immer auch Jan Zábrana, ein Lyriker von Rang, der lieber zuhörte als selbst das große Wort führte. Einmal besuchten uns die Škvoreckýs in Wien. Als ich mich auf einer Vortragsreise quer durch die Vereinigten Staaten vorbereitete, rief ich Škvorecký in Toronto an und er schlug vor, dass wir einander auf halbem Weg treffen sollten, an den Niagara Falls. Ich musste die Begegnung absagen, weil mein Programm zu dicht war. Als wir uns dann nach mehr als dreißig Jahren beim Kongress des Internationalen PEN-Clubs in Prag trafen, habe ich ihn nicht gefragt, ob er den Besuch der Wasserfälle inzwischen nachgeholt hat.

Dobříš – das Schloss der Schriftsteller

Der Tschechische Schriftstellerverband aus den Zeiten des realen Sozialismus war für seine Mitglieder Vater, Mutter und großer Bruder zugleich. Er versorgte sie mit mütterlicher Zuwendung, erzog sie mit väterlicher Strenge und überwachte sie wie Orwells Big Brother. Sie mussten nicht einmal der Partei angehören, im Gegenteil, die Parteimitgliedschaft war eine Auszeichnung. Sie mussten nur Wohlverhalten zeigen, der Maßstab freilich dafür änderte sich. In welche Richtung, konnte man meistens aus den Ansprachen des Vorsitzenden der Ideologischen Kommission im Zentralkomitee der CSSR herauslesen.

Der Schriftstellerverband verfügte über eine breite Palette von Verlagen, Zeitschriften – und über eine Tageszeitung, die *Literárni noviny*. Im Zentrum von Prag, auf der Národní, waren die Buchhandlung und der Verlag des Verbandes untergebracht, die Redaktionen der *Literární noviny* und der offiziellen Literaturzeitschrift *Plamen* sowie der Schriftstellerklub, wo man gute und preiswerte Hausmannskost servierte.

Auch für die Erholung seiner Mitglieder hatte der Verband gesorgt: winters mit einem Sporthotel in der Hohen Tatra, sommers mit einem Sporthotel am Stausee der Moldau, für Reha-Kuren einige Wohnungen in Karlsbad, zu allen Zeiten stand zudem eine Wohnung in dem Grenzort Mikulov (Nikolsburg) zur Verfügung, zwecks Verkostung der südmährischen Weine, und ganzjährig für den Urlaub vom meist in eine Zimmer-Küche-Bad-Wohnung eingezwängten Ich ein Schloss, eines der größten Barockschlösser Böhmens.

Im Schriftstellerverband gab es bis zum Prager Frühling eine Hierarchie, an deren Spitze der verdiente Staatskünstler Jan Drda stand, ein vielseitiger und wendiger Mann, Jahrgang 1915, von 1937 bis 1942 Feuilletonchef der Qualitätszeitung *Lidové noviny* (den Christlichsozialen nahe stehend), nach dem kommunistischen Putsch vier Jahre lang Chefredakteur der von der Partei kolonialisierten *Lidové noviny*, bis 1956 Vorsitzender des Schriftstellerverbands, bis 1960 Parlamentsabgeordneter und bis 1962 Mitglied des Zentralkomitees der KPTsch. Drdas Erstling, »Městečko na dlani» (Kleinstadt auf dem Handteller), von 1940 war ein Erfolg und ist heute noch lesenswert.

Drda hielt sich am liebsten in Dobříš auf (übrigens auf halber Strecke zwischen der alten Bergwerkstadt Příbram, seinem Geburtsort, und Prag gelegen) und hatte daher den Spitznamen »Drdoledo«, dem Namen der letzten Besitzer nachgebildet, Colloredo-Mansfeld. Im Schriftstellerklub hatte man in den sechziger

Jahren gern Geschichten über den roten »Grafen Drdoledo« erzählt, und so war uns Dobříš noch zwanzig Jahre später ein Begriff, als wir dort gelegentlich wohnten, als zahlende Gäste des Schriftstellerfonds.

Wenn man von Prag aus am linken Moldauufer in den Süden fährt, gelangt man automatisch auf eine alte Stummelautobahn, die in Příbram endet. Vorher schon biegt man nach Dobříš ab und kommt, bevor man die Ortsmitte erreicht, zum Schloss. Das lang gestreckte Gebäude ist U-förmig, nach Süden hin offen, die Prunkräume liegen in der Beletage im Osttrakt. Aus dem staatlichen Mobiliendepot waren Anfang der neunziger Jahre die meisten Zimmer mit Stilmöbeln eingerichtet und mit Persern ausgelegt. Der Festsaal, selten benutzt, war im Louis-Seize-Stil möbliert. Nur das Eckappartement, Schlafzimmer und Salon, hatte ein eigenes WC und Bad, für alle anderen Schlafzimmer, die untereinander durch versperrbare Flügeltüren verbunden waren, gab es Etagenbäder.

Im Schloss bot man Vollpension. Man musste täglich in der Früh bekanntgeben, für welche Gerichte der kleinen Speisekarte man sich für mittags und abends entschied. Der Speiseraum war wie ein gutbürgerlicher Gasthof eingerichtet. Im Sommer konnte man auch unter Sonnenschirmen im Freien sitzen, mit Blick auf die gepflegten Heckenlabyrinthe des französischen

Gartens, doch warme Mahlzeiten wurden nur drinnen serviert. Auch hier war das Essen ungemein preiswert, beste tschechische Hausmannskost, dazu Pilsner und Budweiser oder Landwein in guter Qualität. Oberhalb des Esszimmers befanden sich die Kanzlei, ein Lesesaal und ein Fernsehzimmer. An den französischen schloss ein ausgedehnter, prachtvoller englischer Park an, durch den man zu einem See gelangte. Am Ufer stand eine Plätte bereit, wenn man Lust hatte, konnte man den englischen Park auf dem Wasserweg entlangrudern. Vom Baden riet man uns ab, damals waren angeblich alle Gewässer mangels Ringkanäle und Kläranlagen mit Keimen verseucht, auch wenn das Wasser in dem großen Teich klar und durchsichtig war.

Eine Idylle, die man freilich selten nutzte, denn der große Vorteil des Dobříšer Quartiers war es, dass es bequeme Verkehrsanbindungen nach Prag gab, mit Bus und Zug. Die Autobahn war wenig befahren, die ersten Staus bildeten sich erst bei den Zufahrten zu den Moldaubrücken, die zum Karlsplatz und zur Nárdoní trida führten, oder, wenn man am linken Ufer blieb, vor dem Kleinseitner Platz.

Natürlich nahmen wir an, dass das Schloss vom kommunistischen Regime beschlagnahmt und dann dem Schriftstellerverband zur Verfügung gestellt worden war. Doch das war, wie wir später erfahren sollten, nicht der Fall. Dobříš wird bereits im 13. Jahrhundert erwähnt. An der Handelsstraße, die nach Budweis führte, und von dort über Österreich nach Italien, baute ein Raubritter namens Dobroš eine Burg, Otokar Premysl I. später ein Jagdhaus. Die Könige Johann von Luxemburg, Karl IV. und Wenzel IV. gingen in den Wäldern von Dobříš gern auf die Jagd, die Hussiten brannten nieder, was an Jagdhäusern diese sich eingerichtet hatten. Dann erwarben die Herrschaft Dobříš nacheinander die Adelsgeschlechter Kolovrat und Lobkowicz, das Schloss wurde im Dreißigjährigen Krieg von den Schweden niedergebrannt. Im späten 17. Jahrhundert ließ Franz Maximilian Mansfeld, der mit dem Betrieb einer Eisenhütte reich geworden war, ein Barockschloss errichten. Nach einem Brand, der den Ort und Teile des Schlosses verwüstete, zogen die Mansfelds berühmte Künstler für den Wiederaufbau hinzu: den Pariser Architekten Jules Robert de Cotte, den italienischen Maler Pompeo Batoni, den Prager Bildhauer Ignaz Franz Platzer. Isabelle, die Tochter von Heinrich Paul Mansfeld, heiratete 1771 Franz de Paul Gundakar I. von Colloredo, den Besitzer der Herrschaft Opočno und eines Stadtschlosses in Paris. Als sein Schwiegervater 1780 starb, übernahm er die Verwaltung der Herrschaft seiner Frau, vom Kaiser hatte er die Erlaubnis erwirkt, den Namen seiner Frau seinem eigenen anzufügen.

Was dann folgte, überspringt die einschlägige Literatur zur Geschichte von Dobříš mit der Bemerkung, das Schloss sei bis zur Verstaatlichung 1948 im Besitz der Colloredos geblieben und 1998 restituiert worden. Ein enger Freund, Friedrich Colloredo Mansfeld, hat uns die Geschichte im Detail erzählt.

Der letzte Besitzer von Dobříš (und Opočno), Fürst Joseph Franz Hieronymus Colloredo Mansfeld, der (mit dem Wort unseres Freundes) eine Pariser »Lebedame« geheiratet hatte, blieb kinderlos, vermachte Opočno seinem Neffen Joseph, dem Erstgeborenen seines jüngeren Bruders, Dobříš dem Zweitgeborenen Friedrich. Der jüngste Sohn, Honomé (Hieronymus) sollte Zbiroh, das Schloss seines Vaters erben, das dieser 1865 dem bankrott gegangenen österreichischen Eisenbahnkönig Dr. Bethel Henry Strousberg abgekauft hatte. In Zbiroh schuf der Maler Alfons Mucha, ein Freund der Familie, in einer angemieteten Werkhalle den großformatigen Bilderzyklus »Das slawische Epos«.

Die Colloredo-Mansfelds blieben auch nach der Landreform von 1919 mit den Schwarzenbergs und den Liechtensteins die größten Grundbesitzer der nunmehrigen Tschechoslowakischen Republik. In den späten zwanziger Jahren machte Nonnenbefall der Wälder eine große Schlägerung erforderlich. Den Exporterlös legte der kinderlose Fürst in Aktien und Immobilien an, unter anderem erwarb er den Besitz Öblarn, ein steirisches Endtal. 1948 wurde jeglicher Besitz von Grund und Boden in der Tschechoslowakei verstaatlicht. Die Colloredos emigrierten nach Österreich, Öblarn avancierte zum Hauptsitz des Fürsten, sein jüngerer Bruder Friedrich lebte unweit von Wien in einer Villa am Aschberg, der jüngste, Honomé, ließ sich später in Kanada nieder.

Schloss Dobříš war freilich schon ein Jahrzehnt zuvor enteignet worden – von den Deutschen, als sie nach der Annexion der Sudeten auch Böhmen und Mähren vereinnahmten. Vielleicht war die Beschlagnahme von Schloss Dobříš eine Revanche für die politische Haltung der Familie, die seinerzeit nicht, wie die meisten Standesgenossen, deutsch, sondern tschechisch optiert hatte. Das Schloss stand dem Reichsprotektor zur Verfügung. Nach dem Attentat auf Heydrich war das Kurt Daluege, Himmlers Polizeichef, der sich im Nordtrakt des Schlosses ein komfortables Appartement einrichten ließ, mit dunkel gebeiztem Eichenholz für die Möbel und die Täfelung. Er ordnete das Massaker der Bevölkerung von Lidice an und wurde 1946 hingerichtet.

Die Familienanwälte legten sofort Einspruch gegen die Beschlagnahme ein und argumentierten unter anderem auch, dass die Colloredos entschiedene politische Gegner von Edvard Beneš gewesen seien, des tschechischen Außenministers, der nach dem Tod des Gründungspräsidenten T. G. Masaryk Staatsoberhaupt der ČSR wurde und 1938 emigrierte. Als Beneš 1945 zurückkehrte, las er die Akte. Verärgert hob er die Beschlagnahme von Dobříš nicht auf, sondern verlängerte sie und »schenkte« das Schloss dem Schriftstellerverband.

Auch nach der Wende blieb Dobříš eine Einrichtung des Tschechischen Literaturfonds, die – wie es auf den viersprachigen Grußkarten hieß, die der Direktor zu Weihnachten verschickte – »den tschechischen Schriftstellern bei ihrer schöpferischen Arbeit dient. Im Schloss weilten«, hieß es weiter, »und schrieben viele bedeutende Persönlichkeiten der tschechischen und der Weltliteratur wie Vítězslav Nezval, Ilja Ehrenburg, Nazim Hikmet, Pablo Neruda, Boris Polewoj, Jorge Amado und andere.« Der Besitz, zu dem auch eine Landwirtschaft gehörte, wurde als Staatsgut geführt, der alte Direktor hatte sich in die neue Zeit gerettet und war bemüht, die Ertragslage aufzubessern. Die Prunkräume im Westflügel wurden gelegentlich für Hochzeitsfeste genutzt, die Trauungen fanden in der gegenüberliegenden Dreifaltigkeitskirche statt. Man nahm auch gelegentliche Touristen auf, die freilich höhere Zimmerpreise verrechnet bekamen.

Eine Zeit lang mietete sich eine New Yorker »Mozart«-Foundation ein, die Meisterkurse für zahlende amerikanische Musikstudenten durchführte. Eine Hochstaplerin requirierte einen Teil der Gästezimmer, darunter auch das Appartement, in dem wir, wenn es frei war, früher untergebracht gewesen waren. Sie trat als Gräfin Czernin auf, im Reitkostüm, mit einem Schleier am schwarzen Hut, ließ sich Briefpapier mit der Schlossadresse drucken und behauptete, Restitutionsansprüche zu besitzen. Im Literaturfonds war man verunsichert, niemand wusste, wer was an Eigentum zurückbekommen sollte, und auch der Direktor wollte keinen Konflikt mit möglichen späteren Herrschaften riskieren. Wir erzählten unserem Freund, der sich die Berichte von unseren Aufenthalten in Dobříš aufmerksam anhörte, von Madame La Comtesse, die einen belgischen Pass besaß und Französisch sprechende Geschäfsfreunde empfing. Die Colloredos waren mit den Czernins kaum verwandt, und auch Rudolf Czernin, der Chef der weit verzweigten Familie, wusste nichts von einer belgischen Verwandten, schon gar nicht von einer, die irgendeinen Anspruch auf Dobříš geltend machen könnte. Nach einigen Monaten verschwand die Gräfin, freilich ohne die aufgelaufenen Rechnungen zu bezahlen.

1996 ging das Schloss in die Verwaltung des Denkmalfonds über, 1998 gewann Honomé Colloredo-Mansfeld, der seine tschechische Staatsbürgerschaft nie aufgegeben und schon 1990 einen festen Wohnsitz in der ČSR hatte, den

Restitutionsprozess für seinen inzwischen verstorbenen Bruder Friedrich, dessen Sohn Jerome jetzt Herr sowohl auf Dobříš wie auf Zbiroh ist.

Bis in die frühen sechziger Jahre war der Schriftstellerverband ein Instrument der repressiven Kontrolle. Für Schriftsteller gab es keinen anderen Zugang zur Öffentlichkeit, auf der anderen Seite gab es auch für das immer ungemein lesefreudige tschechische Publikum nur die Bücher und Zeitschriften, die vom Schriftstellerverband geführt wurden. Es gab eine Zensurstelle, die »Hauptverwaltung der Druckaufsicht«, die ihre Richtlinien vom Ideologieausschuss des Zentralkomitees der KPTsch erhielt. Die Honorare waren vergleichsweise üppig und weitgehend von der Auflage unabhängig. Erst in den sechziger Jahren, im poststalinistischen »Tauwetter«, lockerte die Partei die Kontrolle. Die »Druckaufsicht« gab ihre Aufgaben teilweise an die unteren Instanzen ab, an die Lektoren und Redakteure. Häufig konnten die Autoren Konflikte im Gespräch mit dem Vorsitzenden des Ideologieausschusses selbst klären.

1967 stellten sich die tschechischen Schriftsteller an die Spitze der Reformisten, die, durchaus auf dem Boden der sozialistischen Weltanschauung, die Partei von innen her erneuern wollten. Ihr Auftreten auf dem IV. Kongress des Schriftstellerverbands 1967 war selbstbewusst, gestützt auf die Bedeutung, die ihnen die Partei zumaß. Wie hoch ihre Bedeutung war, konnten sie an den Privilegien ablesen, die man ihnen gewährte – darunter auch kreativer Urlaub auf einem Schloss, Erholung in einem französischen und einem englischen Park, Vollpension mit bester Hausmannskost.

Brauns Betlém

Als Graf Franz Anton Sporck 1694 am linken Ufer des oberen Flusslaufs der Elbe eine heiße Quelle entdeckte, beschloss er, Karlsbad Konkurrenz zu machen. Von dem Prager Arzt J. W. Löwe ließ er sich die Heilkraft der Quelle bestätigen und ging mit der ihm eigenen Energie daran, seine Pläne für eine Kurbad-Anlage auf beiden Ufern der Elbe zu verwirklichen.

Die Mittel dazu hatte er von seinem Vater Jan geerbt, einem Kavallerieoffizier deutscher Herkunft, der im Dreißigjährigen Krieg für drei Kaiser erfolgreiche Schlachten geschlagen hatte und von den dankbaren Habsburgern zum General befördert, geadelt und mit mehreren böhmischen Herrschaften belohnt wurde. Graf Sporck engagierte einen der berühmtesten Architekten seiner Zeit, Giovanni Battista Alliprandi, und verpflichtete einen jungen Tiroler Bildhauer, Matthias Bernard Braun. Die Anlage umfasste eine Kapelle über der Heilquelle, ein Schloss, Gästehäuser, ein »Philosophenhaus« mit Bibliothek, ein Theater und ein Wirtschaftsgebäude mit einer Wäscherei am Fluss. Eine Brücke führte zu den Anlagen am rechten Ufer, mit einem Spital für Kriegsinvaliden und alte Angestellte des Grafen, einer Dreifaltigkeitskirche, einem Kloster der Barmherzigen Brüder und einer Rennbahn, gesäumt von vierzig Steinzwergen.

Graf Sporck war ein universal gebildeter Mann mit ketzerischen Neigungen. Von seinen Nachbarn, den Jesuiten, in Kutná Hora erzogen, studierte er an der Karlsuniversität und unternahm eine ausgedehnte Reise quer durch Italien, nach Rom und dann über Turin nach Paris, wo er am Hof des Sonnenkönigs freundlich empfangen wurde. Am meisten imponierte ihm in Ludwigs Orchester das »cor de chasse«, ein Jagdhorn. Mit allerhöchster Erlaubnis nahm er ein Exemplar mit nach Böhmen, als er über London und Brüssel zurückkehrte. Er ließ zwei seiner Musiker anlernen und die Jagdhörner in Nürnberg nachbauen.

Als ältester von vier Söhnen hatte er von seinem Vater auch die Residenz in Lysá an der Elbe und das Stadtpalais in Prag geerbt. Abwechselnd in Prag und in Kuks (Kukus) hat er mit seinem Musikerensemble mehrere Opern von Vivaldi uraufgeführt und bei Johann Sebastian Bach die vier kleinen Messen bestellt – lateinisch, damit sie bei den Jesuiten, in deren Hand die rigide Rekatholisierung des Landes lag, nicht Anstoß erregten.

Sporck hatte ein nicht gerade orthodoxes Interesse an der Religion, er veröffentlichte zu dem Thema insgesamt rund 150 Titel. Er unterhielt in Lysá eine Druckerei mit einer Kupferstichwerkstatt und finanzierte die Drucklegung von Werken nicht nur der Theologie und Philosophie, sondern auch der Medizin und Astronomie. Die Jesuiten, die mit der Zensur beauftragt waren und mit denen er ununterbrochen stritt, setzten 1712 die Schließung seiner Druckerei durch. Daraufhin ließ er die Literatur, die ihn interessierte, aus dem benachbarten Schlesien schmuggeln. 1529 visierte ein kaiserliches Regiment Kuks und der Kommandant beschlagnahmte die ganze Bibliothek des Grafen, insgesamt dreißigtausend Bände, um sie anhand des Manuals verbotener Schriften des Jesuiten Anton Konias nach verdächtigem Material zu durchsuchen.

Der Graf selbst wurde verhaftet, zum Verhör nach Prag gebracht und der Häresie beschuldigt. Darauf stand als Strafe lebenslänglicher Kerker bei Konfiskation aller Güter und Verbrennung sämtlicher Bücher. Erst 1733 wurde das Verfahren abgeschlossen, der Graf musste nur eine Geldstrafe von sechstausend Gulden und die Kosten des Verfahrens zahlen, wegen der Publikation von Druckwerken unter Umgehung der Zensur.

In der Kunstgeschichte hat sich Graf Sporck einen wichtigen Platz als Auftraggeber des bedeutendsten mitteleuropäischen Barock-Bildhauers, Matthias Bernard Braun, gesichert. Braun, 1684 in Sautens, einem kleinen Dorf auf dem Besitz des Tiroler Zisterzienserklosters

Stams geboren, war Lehrling des Holzschnitzers Anton Tamasch und wurde von den Patres, die gerade ihr spätromanisches Kloster modernisierten, zur Ausbildung nach Rom geschickt. Doch als er 1704 zurückkehrte, waren die Arbeiten, wahrscheinlich wegen wirtschaftlicher Schwierigkeiten, eingestellt worden.

Der junge Holzschnitzer, mit dem italienischen Formenvokabular im Kopf, musste sich nach einer Möglichkeit umschauen, in seinem Metier eine Existenz zu begründen. In einer späteren Biografie, der ersten über Matthias Braun, behauptet František Martin Pelcl, ein Kunsthistoriker der Aufklärung, Sporck habe den Bildhauer in Bozen bei der Ordensweihe seiner Tochter Eleonore kennen gelernt und nach Böhmen mitgenommen. Wie Braun tatsächlich nach Prag gelangte, ist nicht geklärt, 1710 wurde jedenfalls seine erste Prager Arbeit, eine Figurengruppe der heiligen Luitgarda, auf der Karlsbrücke aufgestellt und machte ihn mit einem Schlag berühmt.

Braun wurde Bürger der Neustadt, einer der vier selbständigen Städte Prags, und beschäftigte in seiner Werkstatt mehrere Assistenten, die sich später zum Teil selbständig machten und sich angesehene Namen erwarben. Sie führten aus, was er an »bozzetti« modellierte. Für den Grafen Sporck, der ihm 1712 den Auftrag gab, die Anlage in Kuks mit Skulpturen auszustatten, schuf er als erstes eine Allegorie der acht Engel der Seligpreisungen, dann die vierzig Zwerge für die Rennbahn. 1718 folgten Allegorien der zwölf Tugenden und der zwölf Laster, eine Allegorie der Religion und die Figuren der Engel des seligen und des unseligen Todes auf der Terrasse der Dreifaltigkeitskirche – ein im Kontext der Kunstgeschichte einmaliges Ensemble. Matthias Bernard Braun starb 1738, sechs Wochen vor dem Tod des Grafen Sporck, an einer Staublunge.

Bei einem frühen Ausflug ins Blaue fuhren wir von Prag in den Norden. Auf der Straße nach Trutnov fiel uns ein Wegweiser auf, wie sie damals im ganzen Land auf eine Sehenswürdigkeit hinwiesen. Wir kamen an einen schmalen Fluss mit hohen Böschungen. Eine alte Steinbrücke führte ans andere Ufer, wo ein riesiges Schloss stand, mit einem breiten Treppenaufgang zu einer Kirche in der Mitte des Gebäudekomplexes. Auf unserer Seite führte eine ähnlich breite Treppe wie vis-à-vis ins Nichts. Wir waren in Kuks. Zu besichtigen gab es wenig, Teile des Schlosses waren nach einem Brand geschwärzt, die Figuren teilweise umgestürzt. Nach dem Tod des Grafen haben Überschwemmungen die Anlage am linken Ufer weggerissen, die Heilquelle versiegte. In unserem Autoatlas war Kuks unter den Orten mit Sehenswürdigkeiten gar nicht vermerkt, was angesichts des Zustands, in dem sich die Anlage befand, nicht verwunderlich war. Verwunderlich war hingegen, dass die sonst vorbildliche tschechische Denkmalpflege offenbar nichts unternahm, um die Anlage zu restaurieren oder zumindest vor weiterem Verfall zu retten. In unserem englischsprachigen Reiseführer, dem einzigen, den es in den Prager Buchhandlungen zu kaufen gab – und der noch das Imprimatur des Staatsverlags mit den Namen aller für die Ausgabe Verantwortlichen enthielt – gab es einen kurzen Absatz über Kuks, der mit dem Hinweis schloss: »Environs. 3 km W of Kuks a group of Braun's statues and sculptures Betlém (Bethlehem), carved in natural material in a forest environment.«

Das machte uns neugierig genug, um auf der Uferstraße weiterzufahren und darauf zu hoffen, dass es irgendwo ein Hinweisschild auf Brauns Betlém geben würde. Das gab es tatsächlich, wir überquerten die Elbe, die in ihrem Oberlauf schmal war, auf einer Brücke, die beide Teile eines Dorfes miteinander verband, und fuhren den Hang hinauf. Dann war Endstation, rechts Felder, links ein grasbewachsener, offenbar kaum benutzter Feldweg. Wir fuhren bang weiter und gelangten tatsächlich zu einer Art Parkplatz, auf dem eine verwitterte Holzbude mit der Aufschrift Kassa stand. Waren wir am Ziel?

Weiter ging es nur zu Fuß. Mitten in einem offenbar forstwirtschaftlich schon lange nicht genutzten Wald standen wir in einer Formation, die irgendwann einmal in der Urgeschichte durch einen Felsbruch entstanden war, eine etwa fünf Meter hohe Felswand und dann angrenzend ein Felsplateau mitten in einem Birkenhain. Hier hatte Matthias Bernard Braun – mit seinen Gehilfen vielleicht – Brunnen in den Fels gehauen, Skulpturen aus den großen frei stehenden Felsbrocken geschlagen, Höhlen in der Felswand mit Friesen versehen. Die Inschriften waren nicht mehr lesbar.

Bomarzo fiel mir ein und auch Wilhelmines Sanspareille, doch der manieristische Kuriositätenpark in Mittelitalien und das romantische Felsentheater der Schwester Friedrich des Großen in Bayern haben im Grunde mit Brauns Betlehem wenig gemeinsam.

Warum Bethlehem? Unter den Steinarbeiten befinden sich Skulpturengruppen wie »Die Ankunft der drei Weisen aus dem Morgenland« und »Christi Geburt«, aber auch heidnische Gottheiten wie der wenig bekannte ägyptische Gott Darnius, ein verwilderter Einsiedler, der aus seiner Höhle kriecht. Angeblich wollte Graf Sporck den Jesuiten, mit denen er unentwegt gestritten hat, die Genugtuung nicht gönnen, ihm die Bestattung auszurichten, deshalb ließ er Braun eine Art Mausoleum in die Felsformation in der Nähe von Kuks hauen. Doch bestattet ist er in Kuks selber, in der Krypta der Dreifaltigkeitskirche.

Lorenzo Lotto hat das Bild »Der schläfende

Apoll mit den Musen« um die Mitte des 16. Jahrhunderts herum gemalt: Der Zuchtmeister der Musen ist eingeschlafen, die Göttinnen der Künste, Thalia, Klio, Terpsichore und die anderen, tollen nackt in der Landschaft herum. Das ist die Geburtsstunde des Capriccios. So wie die Musen wider allen Anstand die Kleidung ablegen, befreien sich die Maler vom Zwang der Regeln, denen die Allegorie, eine mythologische oder religiöse Begebenheit, das Porträt eines Mächtigen entsprechen muss. Sie malen also nicht, was ihnen ihr Patron aufträgt, sondern was ihnen ihre Phantasie vorgibt – aus einer Laune heraus, also eine Caprice, ein »Capriccio«.

Vielleicht wollte sich Graf Sporck tatsächlich im Wald bestatten lassen, Freigeist, der er offenkundig war. Das Bildprogramm für die Skulpturen in Kuks hat er wohl, wie es üblich war, Meister Braun vorgegeben. Möglicherweise hat er ihm, quasi als Kompensation, bei der Erfindung der Skulpturen für die Felsformation mitten im Wald einfach freie Hand gelassen, und Braun schuf, was ihm die Phantasie eingeben hat – ein »Capriccio« eben. Es wäre das erste und einzige Skulpturen-Capriccio in der europäischen Kunstgeschichte.

Auf der Suche nach Santini

Die Pfarr- und Wallfahrtskirche Mariä Heimsuchung in Obyčtov, einer kleinen Gemeinde im Distrikt Vysočina (Mährische Höhe), schmiegt sich geduckt an einen Hang. Mit ihrem gewölbten Schindeldach ähnelt sie einer Schildkröte. Die Schildkröte ist ein wenig bekanntes Symbol des Marienkultes, erzählt der Pfarrer, der in einem bungalowartigen Haus oberhalb der Kirche wohnt und den Schlüssel zur Kirche bringt. Die Schildkröte kann sich in ihren Panzer zurückziehen, eine Metapher für die Innerlichkeit. Die Vorhalle der Kirche stellt den Stummelschwanz dar, das Presbyterium unter dem Zwiebelturm den Kopf, die vier Kapellen, an jeder Ecke eine, die Pfoten. Der Pfarrer, der Deutsch spricht, begeistert sich für sein Thema – die vier Ecktürmchen haben wie die Pfoten der Schildkröte eine statische Funktion, erklärt er, sie fangen die Spannungen der Seitenmauern auf. Aus den Kapellen in den vier Ecktürmchen flutet indirektes Licht.

Der Architekt der Schildkrötenkirche, Jan Blažej (Johann Baptist, Giovanni Battista) Santini-Aichel, stammt aus einer Handwerkerfamilie. Sein Großvater, Anton Akel, war als Maurer aus Norditalien zugewandert und heiratete am

6. November 1735 in der Nikolaus-Kirche auf der Prager Kleinseite Christine Ost aus Pilsen. Sein Vater, Santinus Aichel, erhielt 1680 das Bürgerrecht auf der Kleinseite (damals eine selbständige Stadtgemeinde Prags) und hatte in der Nähe der Burg einen Steinmetzbetrieb. Dessen Sohn, am 4. Februar 1677 im St. Veits-Dom auf den Namen Johann Baptist getauft, der vermutlich einer körperlichen Behinderung wegen den väterlichen Betrieb nicht übernehmen konnte, schloss 1696 seine Ausbildung als Maler ab, unternahm ausgedehnte Studienreisen in Europa und arbeitete bis 1703 mit seinem Bruder zusammen, bevor er sich als Architekt selbständig machte. Nach seinen Entwürfen entstanden rund 150 Bauten, profane und sakrale, manche Entwürfe wurden auch noch lange nach seinem Tod 1723 realisiert. Seine Konkurrenten, zuweilen auch Kontrahenten waren Alliprandi, Mathey, Vater und Sohn Dientzenhofer, Letztere etwa bei der Umgestaltung der Kleinseitner Nikolaus-Kirche, wo sein Großvater geheiratet hatte und wo er selbst sich am 2. März 1707 mit Veronika Elisabeth vermählte, der verwaisten Tochter des Hofmalers Christian Schröder.

Santini gilt als der große Anreger der Moderne in der tschechischen Architektur. Was, fragt man sich, hat das Hochbarock mit dem Funktionalismus oder, im Fall der tschechischen Architektur, mit dem Kubismus zu tun?

Eine Reihe von Kirchen, die nach Santinis Entwürfen entstanden sind, liegen nördlich von Iglau auf der Vysočina, einer der sieben Regionen der Tschechischen Republik. Man schaukelt auf dem Hochplateau über ein dichtes Netz von Landstraßen von einem Ort zum anderen, von Zvole nach Bobrova, wo sich Pfarrkirchen, von Santini entworfen, befinden, und von Bobrova nach Obyčtov. In Bobrova schickt, da der Pfarrer verreist ist, seine Nachbarin, durch den Zustand ihrer Hüftgelenke am Gehen behindert, ihren Enkel mit den Schlüsseln los. Die Kirche zu St. Peter und Paul mit ihrer neuen Bestuhlung sei »nicht mehr die alte«, wie sie kryptisch bemerkt. Tatsächlich wirkt sie etwas steril, doch sie weicht, ebenso wie die dem heiligen Wenzel gewidmete in Zvole, von der Einheitsform der immer etwas plump wirkenden Dorfkirchen ab, in den Proportionen, im anmutigen Wechselspiel von konkav und konvex in den Fassaden.

Die nächste Station ist ein denkmalgeschütztes Gasthaus in Ostrov, das Santini, wie auch die erwähnten Pfarrkirchen, im Auftrag von Wenzel Wejwoda gebaut hat, des Abtes des Zisterzienserklosters in Žďár. Das Gasthaus fungiert heute noch als Dorfschenke. Der Verputz ist teilweise abgeschlagen, Treppenaufgänge links und rechts führen zum Schankraum, wo einige ältere Dorfbewohner ihr Bier trinken. Der Eigentümer, ein Prager Geschäftsmann, erzählt die Kellnerin, lässt es mit einer Subvention von einer Million Kronen renovieren.

Von Ostrov sind es dann nur noch wenige Kilometer bis Žd'ár (Saar – *žd'ár* bedeutet im Tschechischen Brandrodung). Das Zisterzienserkloster wurde Mitte des 12. Jahrhunderts erbaut, die ersten Mönche schickte das Stammkloster in Pomuk bei Pilsen. Die schlesischen Fürsten von Münsterberg machten das neue Kloster zu einem der bedeutendsten in Böhmen, sowohl Kaiser Karl IV. wie auch König Wenzel IV. bestätigten die Privilegien, die Hussiten brannten es nieder. Unter König Georg von Podebrad wurde es wieder aufgebaut, dazwischen wurde es wegen mangelnder Wirtschaftlichkeit aufgelöst, neubegründet, nach wiederholten Bränden umgebaut, zuletzt im großen Stil von Abt Wenzel Wejwoda. Als man 1719 die angeblich unversehrte Zunge Johann von Nepomuks fand und seine Heiligsprechung vorbereitete, gab der Abt seinem Lieblingsarchitekten den Auftrag, für die Reliquie, die er nach Žd'ár bringen ließ, auf dem nahe liegenden Hügel, »Steiler Berg« oder auch »Schwarzer Wald« genannt, eine Wallfahrtskirche zu bauen. Schließlich war der Märtyrer in Pomuk geboren (später, nach der Eingliederung einer Nachbargemeinde, auf Nepomuk umbenannt), in der Gemeinde also, die seinerzeit die ersten Mönche nach Žd'ár beordert hatte.

Die Legende vom heiligen Johannes von Nepomuk war eines der potentesten ideologischen Instrumente der Rekatholisierung der Habsburgermonarchie. Johann von Nepomuk wurde 1729 von Papst Benedikt III. heilig gesprochen, weil er sich angeblich als Beichtvater Königin Sophias geweigert hatte, ihrem eifersüchtigen Ehemann, König Wenzel IV., die ihm anvertrauten Sünden wider die eheliche Treue zu verraten. Wie man bei Peter Demetz in seinem ikonoklastischen Buch »Prag in Schwarz und Gold« nachlesen kann, ist der Erfinder dieser frommen Legende ein katholischer Schriftsteller jüdischen Ursprungs gewesen, Jan Žídek, der über die Folter und den Brückensturz Johann von Nepomuks achtzig Jahre nach dem Vorfall eine Art zeitgenössischen Groschenroman geschrieben hat. Johann von Nepomuk sammelte nach seiner Ausbildung an süddeutschen Universitäten im Kirchendienst eine Pfründe nach der anderen. Der tüchtige Jurist war zuletzt Generalvikar des Erzbischofs von Prag. Der jähzornige Wenzel war eifersüchtig auf den Repräsentanten der kirchlichen Macht in seinem Reich, und der eitle Erzbischof spielte dem König gegenüber allzu gern seine intellektuelle Überlegenheit aus. Bei einem Gespräch, in dem der Streit um die Ernennung eines Abtes für das Kloster Kladruby geschlichtet werden sollte, bekam der bereits betrunkene König ein Wutanfall und ließ den Erzbischof, den er mit Gefolge in das Haus der Johanniter auf der Kleinseite beordert hatte, verhaften. Der Erzbischof selbst entkam, seine Entourage, darunter auch der Generalvikar, wurde auf Befehl des Königs gefoltert – durch Strecken und Sengen. Zwei junge Monsignores überlebten, der Generalvikar war halbtot, als der ernüchterte König die Folter abbrach und den Generalvikar in die Moldau werfen ließ.

Abt Wejwoda jedenfalls, um möglichste Authentizität bemüht, taufte den »steilen« Berg oberhalb seines Klosters in einen »grünen« um, nach dem »Grünen Berg« in Nepomuk. Das Pomuker Kloster, das die Mönche nach Žd'ár schickte, gibt es nicht mehr, die Kirche, die man in Nepomuk dem heiligen Johann weihte, hat Kilian Dientzenhofer entworfen. Der Abt von Žd'ár, der sich die Reliquie des heiligen Johann Nepomuk gesichert hatte, gab Santini-Aichel ein ideografisches Programm vor, für das der Stern und die Zahl fünf maßgebend sind. Fünf Sterne gruppierten sich der Legende zufolge direkt über dem Haupt des Märtyrers, als ihn die Schergen über das Brückengeländer hoben, fünfhundert Jahre waren bei Auftragserteilung, 1719, seit der Gründung des Klosters vergangen. Wie schon bei früheren Gelegenheiten, etwa im Entwurf für das Gasthaus in Ostrov, arbeitete Santini auch das doppelte W der Initialen seines Patrons in die Symbolik ein.

Žd'ár selbst macht heute einen gepflegten

und wohlhabenden Eindruck. Das Zisterzienserkloster, nach seiner Auflösung zur Zeit Joseph II. zu einem Schloss umgebaut, wurde vor einigen Jahren den Eigentümern, der Familie Kinsky, restituiert. Man biegt, von Ostrov kommend, im Zentrum links auf die Ost-West-Verbindung Brünn–Hradec Králové ein und fährt bis ans westliche Ortsende, wo sich der von Santini umgestaltete Baukomplex befindet, Schloss, Friedhof, die beiden Kirchen, das Wirtschaftsgut.

Nach einer fast zwanzigjährigen Vorbereitungszeit hat man 1973 in den Stallungen des Schlosses eine Ausstellung über Santini installiert. Sie ist gegenwärtig wegen Renovierung geschlossen. In der Kirche wird regelmäßig die Messe gelesen, man kann sie aber auch außerhalb der Messezeiten besuchen. Wir holen die Schlüssel im Andenkenladen. Die junge Frau, von der wir noch ein Exemplar des seinerzeitigen Ausstellungskatalogs erwerben können, begleitet uns und sperrt uns die Kirche auf. Zwei Kapellen schließen die Seitenschiffe ab, in der rechten steht eine Figurengruppe mit einer Madonna, deren Antlitz Verzückung ausdrückt. Von den drei Rundfenstern sind zwei zugemauert. Warum? Damit durch das mittlere, erklärt unsere Begleiterin, die Sonnenstrahlen während der Morgenmessen gebündelt einfallen können, um die Verzückung der Madonna ins rechte Licht zu setzen.

Zur Wallfahrtskirche gelangt man über eine kleine Steinbrücke, an einem nur mit wenigen Gräbern belegten Friedhof vorbei, dessen Umriss, durch eine niedrige Mauer markiert, die Form eines Totenschädels hat. Verspielt zeigt sich der Architekt auch in der Anlage des Wirtschaftsguts, das dem Kloster angeschlossen ist – es hat die Form einer Lyra, was man freilich am besten auf dem aus der Vogelperspektive aufgenommenen Foto im Katalog erkennen kann. Nach einigen Kurven gelangt man zu den Parkplätzen unterhalb des neuen Friedhofs. Der überdachte Kreuzgang, der die Wallfahrtskirche (und gleichzeitig Friedhofskirche) umschließt, ist zehnzackig, mit fünf Kapellen und fünf weiteren Stationen. Die Kirche ist dreistöckig, in den runden Innenraum, der oben mit einer eher byzantinisch anmutenden Kuppel abgeschlossen ist, münden ebenerdig fünf Eingänge, fünf dreieckige und fünf ovale Kapellen. Im Hauptaltar ist der Reliquienschrank mit der Zunge untergebracht, bewacht von fünf Engeln und der Statue des Heiligen, die auf einer Erdkugel steht. Von außen simulieren die schrägen Dächer der fünf Kapellen im Erdgeschoss und im ersten Stock eine Bewegung, die schraubenartig nach oben führt.

Die Wallfahrtskirche des heiligen Johannes von Nepomuk am Grünen Berg wurde 1994 zum Weltkulturerbe erklärt. Unlängst hat man im Gemeinderat in Žďár diskutiert, ob man den umgebenden Wald nicht abholzen soll, damit man das Weltkulturerbe als Wahrzeichen der Stadt schon von weitem sehen kann.

Das Kloster Želiv ist eines der ältesten in Böhmen, von den Benediktinern Mitte des 12. Jahrhunderts gegründet. Sie gaben schon nach zehn Jahren auf, dann versuchten es die Prämonstratenser. Zwischendurch aufgelassen und verkauft, wurde es von dem berühmten Prager Kloster Strahov erworben und wieder zum geistlichen Leben erweckt. 1712 wurde Santini mit dem Wiederaufbau der von einem Brand verwüsteten Kirche beauftragt. Die josephinischen Säkularisierungen überlebte das Kloster, weil es die Führung eines Gymnasiums im nahe gelegenen Humpolec übernahm. 1950 verhaftete das kommunistische Regime den damaligen Abt und machte das Kloster zu einem Sammellager für missliebige Priester und Patres. Später diente es als psychiatrische Verwahrungsanstalt. Erst 1992 haben sich in dem riesigen Kloster wieder die Prämonstratenser etabliert, die im Sommer die Schlafsäle im Schlossteil vermieten.

Im Parterre des riesigen neobarocken Flügels hatte der Abt für uns ein Zimmer mit einem elektrifizierten Kachelofen hergerichtet und eine Vase mit einer Blume auf den Tisch gestellt. Zum versprochenen Abendessen gemeinsam mit den Mönchen waren wir zu spät gekommen. Im Ort hielt ein Gasthaus offen, gleich neben der Tankstelle. Die Wirtstube war im Eckzimmer eines einstöckigen Neubaus untergebracht. Ein Teil der Gäste saß vor dem Fernseher, sah fern, ein Teil warf mit Pfeilen auf eine Zielscheibe, alle tranken Bier, ein Gast war bereits unter den Tisch gerutscht. Das Essen war ausgezeichnet, tschechische Hausmannskost, die auch auf dem Land eine Seltenheit ist, weil man überall dazu übergegangen ist, keine fertigen Speisen anzubieten, sondern nur *minutky*, rasch abgebratenes Fleisch mit wässrigen Gemüsebeilagen und *hranolky* (Pommes frites).

Am nächsten Morgen führte uns der slowakische Assistent des Abtes (Nachwuchs rekrutieren die böhmischen Orden aus der katholischen Slowakei) durch die Klosterkirche, die zugleich auch Pfarrkirche der Gemeinde ist. Sie gilt als eines der Meisterwerke Santinis. Für die Übernachtung hatte der Abt, bevor er uns seinem Assistenten überließ, hundert Kronen verlangt. Den angebotenen Zweihundertkronenschein konnte er nicht wechseln: »Gut, dann sind es eben zweihundert«, verabschiedete er sich.

Sedlec, wo Santini eine Friedhofskapelle neu und die Klosterkirche umgebaut hat, gehört zwar längst schon zur Gemeinde Kutná Hora (Kuttenberg), die im Mittelalter dank ihrer reichen Silbervorkommen Geld für ganz Europa lieferte, doch dank Santini wird es in den Führern als eigener Ort genannt. Im Kloster selbst hat man 1812 eine Tabakfabrik in Betrieb genommen, die größte der Monarchie. Was die Bedeutung für den Fremdenverkehr anbelangt, übertrifft freilich die von Santini erbaute Friedhofskapelle nicht nur die Klosterkirche von Sedlec, sondern auch die Sehenswürdigkeiten von Kutná Hora, darunter die spätgotische Kirche St. Barbara und das hochgotische Wohnhaus am Hauptplatz. Die Kapelle ist zweigeschossig, vom Andachtsraum oben führen seitliche Stiegen in eine Krypta, die einen kreuzförmigen Grundriss hat. Im 14. Jahrhundert hatte ein Abt von einer Pilgerfahrt ins Heilige Land eine Schaufel Erde von Golgotha mitgebracht, und sich in Sedlec bestatten zu lassen, wurde in der Folge in ganz Mitteleuropa große Mode. Die Gebeine der alten Kunden mussten, um neuen Platz zu machen, exhumiert werden, schließlich waren es rund vierzigtausend komplette Skelette, die in den vier Kapellen der Krypta zu Pyramiden geschichtet wurden. Freilich, erst 1870 gab der Kirchenherr, Fürst Schwarzenberg, dem Holzschnitzer Franz Rindt den Auftrag, die Krypta mit den Knochenbergen künstlerisch zu gestalten. Rindt fügte sie zu einem Wappen des Fürsten zusammen, zu Leuchtern und Appliken. Sein Kunstwerk signierte er folgerichtig mit einem Schriftzug aus Knochen. Liebhaber des Skurrilen haben für das Ossarium eine englischsprachige

Seite im World Wide Web eingerichtet und ergänzen sie fortlaufend mit neuen Detailaufnahmen.

In Prag bewohnte Santini ein Palais in bester Lage, in der heutigen Nerudova 14, der steilen Gasse, die vom Kleinstädter Ring zur Burg hinaufführt. Gegenüber steht das von Santini umgebaute Palais Thun-Hohenstein, heute Sitz der italienischen Botschaft. Zwei mächtige Adlerskulpturen von dem berühmten böhmischen Barockbildhauer Matthias Bernhard Braun flankieren den Hauseingang – der Adler war das Wappentier der Kolovrats, die den Bau bei Santini in Auftrag gegeben hatten. Auf Nr. 5 befindet sich das Palais Morzin, ebenfalls von Santini umgebaut, heute Sitz der rumänischen Botschaft. Im Palais Schönborn, von Baumeister Scotti nach einem Entwurf von Santini ausgeführt, in Tržište, einer Parallelstraße der Nerudova, befindet sich heute die amerikanische Botschaft. Seit dem 11. September 2001 müssen sich alle Personen und Fahrzeuge, die in diese Botschaft oder diejenige Deutschlands im etwas höher gelegenen Palais Lobkowitz gelangen wollen, einer genauen Überprüfung unterziehen.

Auch auf der Burg, in der Jiřská (Georgstraße), hinter dem St. Veit-Dom, hat Santini gebaut, für den Dekan des Domkapitels, der ihm überraschend den Auftrag für den bereits an G. B. Alliprandi vergebenen Umbau übertrug. Zusammen mit den Dientzenhofers gestaltete Santini die St. Nikolaus-Kirche am Kleinstädter Platz um. An der heutigen Stadtgrenze Prags, im uralten Städtchen Zbráslav, baute er den Konvent des Klosters um, in dessen Marienkirche einige böhmischen Könige bestattet sind, als Erster der seinerzeitige Bauherr, Wenzel II. Nach der Wende, 1991, überführte man die letzten Přemysliden hierher, das Klostergebäude, inzwischen an die Eigentümer restituiert, beherbergt die Skulpturensammlung der Prager Nationalgalerie.

Weitere Profanbauten Santinis findet man in Nordostböhmen, in Hrades Králové (Königgrätz, wo 1866 im preußisch-österreichischen Krieg die größte Schlacht des 19. Jahrhunderts geschlagen wurde), die erzbischöfliche Residenz am inzwischen sorgfältig restaurierten, pittoresken Hauptplatz und ein Schloss in dem kleinen Heilbad Lázně Bělohrad. Das Jagdschloss Karlová Koruna (Karlskron) in Chlumec gehört zu den originellsten Bauten Santinis. Franz Ferdinand Graf Kinsky, Kanzler und oberster Jäger Böhmens, bestellte 1721 bei Santini die Pläne, dessen Kollege, der bedeutende tschechische Barockbaumeister Franz Maximilian Kaňka, beendete den Bau 1723, als sich Kaiser Karl VI. in Prag zum böhmischen König krönen ließ. Der Kaiser beehrte den Kanzler mit einem Besuch in dem soeben vollendeten, quasi jungfräulichen Jagdschloss. Zum Gedenken daran taufte es Franz Ferdinand Graf Kinsky auf den Namen seines obersten Herrn.

Das Schloss kommt ohne Verbindungsgänge zwischen den einzelnen Räumen aus. Die drei zweigeschossigen Wohnflügel mit je drei Zimmern sind direkt von dem runden, drei Etagen hohen Mittelsaal zu erreichen, den eine Kuppel krönt.

In die Baugeschichte des Zisterzienserklosters Plasy hat sich Santini mit dem Plan für den Neubau des Konvents eingetragen, für den in das sumpfige Gelände 5100 Holzpfähle eingeschlagen werden mussten. Nach der josephinischen Säkularisierung erwarb der österreichische Staatskanzler, Fürst Metternich, das Kloster, hier ist er auch bestattet, in einer Kapelle, die er sich als Mausoleum bauen ließ.

In seiner Hochblüte besaß das Stift 35 Dörfer, sechzehn Häuser in Prag und in Pilsen sowie zwei Probsteien, eine davon, nach Plänen von Santini errichtet, in Mariánský Týnec.

Nördlich von Brünn, mitten in einem pittoresken Karstgebiet mit Höhlen und Schluchten, steht in Křtiny, einem von den Brünner Jesuiten seit dem Beginn der Gegenreformation geförderten Wallfahrtsort, die nach Plänen von Santini posthum gebaute Marienkirche. Der zentrale, von einer Kuppel gekrönte Raum hat den Grundriss eines gleichschenkeligen Kreuzes, durch insgesamt dreißig Fenster fällt Licht ins Innere und bewirkt den Effekt der Leichtigkeit und Entmaterialisierung, der charakteristisch für Santini ist.

Südlich von Brünn, fast an der Stadtgrenze, befindet sich das Kloster Rajhrad (*ráj* = Paradies, *hrad* = Burg), das als Santinis »reifster« Sakralbau gilt. Angeblich war es Herzog Břetislav I., der schon im 11. Jahrhundert auf dem Gelände einer großmährischen Burgsiedlung das älteste Benediktinerkloster Mährens gründete. Es war ein Zentrum der Kunst und Gelehrsamkeit, mit einer Bibliothek von sechzigtausend Bänden und mit Bildern von Brueghel, Rubens, Cranach, Škréta und Brandl, die heute in der Prager Nationalgalerie hängen. Als ich in Brünn vor dem kommunistischen Putsch das Masaryk-Gymnasium besuchte und nach dem Putsch die Einheitsmittelschule in Rajhrad, wo mein Vater Direktor einer Hutfabrik war, die unter anderem Filz für Feze in die Türkei und nach Marokko exportierte, unternahm ich mit Freunden einige Radausflüge zum Kloster. In meiner Erinnerung freilich dominiert nicht das Kloster, sondern der kleine Park der Fabrik mit den hohen Fichten, die man leicht erklettern konnte, der Holzkeller, in dem ich ein kleines chemisches Labor einrichten durfte, und die Auffangbecken für den Abfallschlamm, in denen es vor Ratten wimmelte. Die Wiederbesichtigung hat die Nostalgie aufs rechte Maß heruntergeschraubt. Was mir als Paradies in Erinnerung geblieben war, erwies sich als in jeder

Hinsicht durchschnittliche Agglomeration von Einfamilienhäusern links und recht von der Eisenbahnlinie, deren Züge mich anfangs nach Brünn und zurück befördert hatten, später dann in die Kreisstadt Hustopec. Die Stiftskirche zu St. Peter und Paul hat im Rhythmus der Ovale im Baukörper und dem Wechsel von konkav und konvex zweifellos ein Raffinement, das die Behauptung vom »reifen Meisterwerk« rechtfertigt, aber im Vergleich mit Křtiny, mit Žd'ár, mit Sedlec, mit Želiv wirkt sie konventionell. Zudem hat hier Santini darauf verzichtet, sein originäres gotisierendes Formenvokabular einzubringen.

Für Santinis spezifischen Baustil hat man schon vor hundert Jahren den Begriff »barocke Gotik« geprägt, eine contradictio in adjecto in jeder Hinsicht, gibt es doch keinen direkten Weg von der Gotik zum Barock. Romanik, Gotik, Renaissance, Klassizismus, Historismus und Moderne sind zwar in den einzelnen europäischen Kulturkreisen verschieden stark ausgeprägt, in England hat die Stilgeschichte der Architektur überhaupt eine andere Gliederung und andere Begriffe, aber ein Amalgam zwischen Gotik und Barock gibt es nur in den tschechischen Landen, das heißt nur bei Santini, einem Architekten, dessen Zeitgenossen einander in hochbarockem Überschwang überboten. Überall in Reichweite der auf dem Konzil von Trient verkündeten Doktrin betrieb die katholische Kirche die Sache der Gegenreformation unter anderem auch damit, dass sie alte romanische und gotische Kirchen barockisierte, manchmal plump, manchmal mit einem überwältigenden Aufwand an Stuck, Marmor, Gold. Dem gelernten Maler und angehenden Entwerfer Santini fehlte es in seiner Heimat nicht an diesbezüglichem Anschaungsmaterial, und auf seinen Reisen hatte er die italienische Renaissance und das Wiener Barock studiert, wahrscheinlich auch die großen gotischen Kathedralen in Frankreich.

Sicher, die Paradebeispiele für Santinis barocke Gotik, die Klosterkirchen in Sedlec, Žd'ár oder Želiv, sind im strikten Sinn Umbauten bereits bestehender Baukörper, die im Kern zum Teil noch romanisch sind. Aber die Wallfahrtskirchen in Křtiny und auf dem Grünen Berg sind Neubauten, und Santinis gotisch-barockes Gesamtkunstwerk, die Marienkirche des Benediktinerklosters von Kladruby, war eine Ruine, als er den Auftrag erhielt, sie umzubauen. Das ursprüngliche Kloster Kladruby östlich von Pilsen hat Fürst Vladislav I. gestiftet, die Falsifikate der verloren gegangenen Urkunde führen als Gründungsjahr 1115 an. Die erste Kirche war wahrscheinlich ein Holzbau, die zweite entstand vermutlich nach normannischen Vorbildern, in zwei Stufen, an einen ungewöhnlich tiefen Mönchschor mit zwei seitlichen Kapellen wurde später westlich des Querschiffs eine langgestreckter dreischiffiger Bau angefügt. Eingeweiht wurde die Kirche, damals die größte in Böhmen (und heute noch immer die zweitgrößte), im Jahr 1233 in Anwesenheit König Wenzels I.

Nach den Verwüstungen durch die Hussitenkriege und den Dreißigjährigen Krieg erlangte das Kloster erst in der zweiten Hälfte des 17. Jahrhunderts seine Bedeutung wieder. Die konsolidierte wirtschaftliche Lage nutzte Abt Maurus Fintzgut (1665–1729) nach der Sanierung des Klosters für den Ausbau der fast verfallenen Kirche. Er lud die beiden berühmtesten Architekten seiner Zeit ein, Projekte für eine neue Stiftskirche zu erarbeiten, und entschied sich für das Projekt Santinis, dessen Konkurrent, Dientzenhofer der Ältere, dann später den Umbau des Klosters plante.

Heute würde man von einem geladenen Wettbewerb sprechen. Santini ließ von den romanischen Grundmauern stehen, was nicht gefährdet war, die Ostseite schloss er mit einem dreiteiligen Presbyterium in Form eines Kleeblatts ab, die Westseite verkürzte er um ein Element und erreichte damit, dass sich das Querschiff in der Mitte befand. Er krönte es mit einer kühnen Konstruktion – eine barocke Kuppel trägt als Aufbau einen gotischen Turm, dem die Marienkrone aufgesetzt ist. Im Presbyterium mit vier Altären und dem Grabmal Vladislavs I. ist Santinis »barocke Gotik« vollendet ausgeprägt. Da auch alle Details innen, vom gotisierenden Maßwerk an den Decken bis zu den Seitenaltären in jedem Segment und der bemerkenswerten Kanzel, von Santini entworfen sind und er die Ausführung selbst überwachte, kann man von einem Gesamtkunstwerk sprechen. Die Kanzel hat die Form eines von Engeln getragenen Schiffes, das Kanzeldach symbolisiert eine von der Kirche gesteuerte Erdkugel.

Santinis barocke Gotik hat in Europa nicht ihresgleichen. Sie repräsentiert nicht die triumphale Gegenreformation, die mit einem üppigen Formentheater den Gläubigen zu überwältigen trachtet, sie verweist auf die Spiritualität des Glaubens. Das ist es wohl, was all die Äbte der Zisterzienser-, Prämonstratenser- und Benediktinerorden, die nach den Zerstörungen der Hussitenkriege und des Dreißigjährigen Krieges mit so großer Tatkraft mit der Restaurierung ihrer riesigen Klöster auch die Festigung der Glaubensmacht betrieben, an Santinis Entwürfen faszinierte. Wie die Dientzenhofers, aber auch Fischer von Erlach, Lukas von Hildebrandt, Jakob Prandtauer, Balthasar Neumann ist Santini ein Architekt des Hochbarock, doch sein Werk ist eine markante Zäsur in der Logik der Stilgeschichte, eine Singularität. Wie auch die Skizzen für verschiedene Details zeigen, für die Portal- und Fensterrahmung, die gotisch durchbrochenen Geländergitter, die gotisierenden Kleeblattbögen, das charakteristische Maßwerk, war Santini nicht nur ein virtuoser Architekt, sondern auch ein Designer, der ein eigenes und originelles Formenvokabular entwickelt hat.

Bald nach der neuen Hochblüte fiel auch das Kloster Kladruby den josephinischen Reformen zum Opfer. Die Verwaltung des Kirchenfonds richtete im Konvent ganz im Sinn der utilaristischen Vorstellungen Joseph II. ein Lazarett, ein Invalidenheim, ein Schießpulverlager ein. 1825 bauten es die neuen Besitzer, die Fürsten Windischgrätz, zu einem Schloss um. Nach der Enteignung 1948 wurde das Schloss als Staatsgut geführt, die Bibliothek diente als Garage für die Traktoren. Die Kirche blieb lange Zeit ungenutzt, erst im Jahr 2000 etablierte das Denkmalamt eine Pfarre im Kloster.

Anfang des 20. Jahrhunderts verschrieb sich ein Teil der tschechischen Moderne dem Kubismus (ein anderer dem Surrealismus). Kubistische Architektur und kubistisches Design sind in der Kunstgeschichte ein spezifisch tschechisches Phänomen – so wie die barocke Gotik Santinis. Auf ihn berufen sich die Architekten des tschechischen Kubismus, Josef Chochol, Josef Gočár, Pavel Janák, Jan Kotěra, wenn sie über ihre historischen Wurzeln sprechen.

Monsieur Coubine und Pan Kubišta – der kubistische Sturm über Prag

Als die Prager Kubisten in den frühen zwanziger Jahren in Deutschland ausstellten, mokierte sich ein Kritiker darüber, dass die tschechische Avantgarde sich à la mode sogar kubistische Künstlernamen zulegte. Er meinte damit zwei der Maler, Otakar Kubin, der seit 1912 in Frankreich lebte und sich deshalb Othon Coubine nannte, und Bohumil Kubišta, der die erste Ausstellung der Pariser Independents (Matisse, Derain, Braque) in Prag organisiert hatte.

Tatsächlich hat sich der Wettkampf zwischen Picasso und Braque, den die beiden zwischen 1907 und 1914 austrugen und der als »analytischer Kubismus« in die Kunstgeschichte eingegangen ist, nirgends so nachhaltig ausgewirkt wie in Prag. Die Österreicher hatten ihre Secession, die Münchner den »Blauen Reiter« und die Berliner »Die Brücke«, die Italiener den Futurismus, die Russen den Konstruktivismus. Doch die Prager Avantgarde verschrieb sich dem Kubismus, der sich an der Moldau unter den jungen Malern wie ein Lauffeuer ausbreitete. Sie formierten sich zuerst unter dem Namen »Die Acht«, später einfach als »Die Gruppe«, außer Kubišta und Kubin noch Emil Filla, Vincenc Beneš, Václav Špála, Ota

Gutfreund und Josef Čapek, der Bruder des später berühmt gewordenen Schriftstellers Karel Čapek.

Die meisten lernten den Kubismus durch die Vermittlung eines gleichaltrigen Kunsthistorikers kennen, Vincenc Kramář, der in Wien bei Alois Riegl studiert hatte. Seit 1910 besuchte er regelmäßig Paris, freundete sich mit Daniel-Henry Kahnweiler an und lernte durch ihn Picasso, Derain, Braque kennen. Dank eines vermögenden Vaters, der ihm freie Hand ließ, sammelte er, mit Leidenschaft – und mit Gespür. Was den Kubismus anbelangt, war er der erste Sammler außerhalb von Frankreich, noch vor den russischen Großkaufleuten Schtschukin und Morozov, vor den Deutschen Maré und Ruff. 1911 kaufte er bei Kahnweiler den Grundstock seiner Sammlung, elf Picassos, einen Derain und einen Braque. Ein Schlüsselwerk, Picassos Selbstporträt aus dem Jahr 1907, erwarb er von Ambrois Vollard, um vierhundert Franc. Siebzehn der einundzwanzig Werke Picassos in der Prager Nationalgalerie sind seine Schenkungen.

Unter den kubistischen Trophäen, die Kramář nach Prag brachte, war auch Picassos Bronze »Frauenkopf« (1909). Archipenko, Gaudier-Brzeska, Laurens, Lipschitz und Marcel Duchamps Bruder Raymond bildeten die Gruppe kubistischer Bildhauer in Paris.

In Prag hatte sich Ota Gutfreund schon 1909

mit der Theorie kubistischer Plastik beschäftigt. Doch nur in Prag entstand parallel zur Malerei und Skulptur auch kubistische Architektur. Drei der vier Protagonisten des tschechischen Kubismus in der Architektur, Josef Chochol, Pavel Janák und Jan Kotěra, waren Schüler und Assistenten Otto Wagners, Josef Gočár, der genialste der vier, war wiederum Schüler von Kotěra (der recht rasch Karriere gemacht hatte: mit 27 Jahren war er bereits Professor an der Prager UMPRUM, der Umelecko-Purmyslova Skola – Kunstgewerbeschule).

Für die jungen Prager Architekten war der Kubismus eine Möglichkeit, sich von Otto Wagner und dem Wiener Secessionismus zu emanzipieren. Pavel Janák (Prag 1882–1956) verfasste 1910 ein Manifest mit dem bezeichnenden Titel »Von der modernen Architektur zur Architektur«. Der Inbegriff der modernen Architektur in dem polemischen Titel ist für ihn Otto Wagner, und wenn man zur Architektur schlechthin gelangen wolle, müsse man sich von Wagner lösen und vom Kubismus lernen, freilich auch von der tschechischen Architekturgeschichte. Zusammen mit dem Kunsthistoriker Zdeněk Wirth, der 1908 eine Arbeit über »Die barocke Gotik Böhmens in der 1. Hälfte des 18. Jahrhunderts« veröffentlichte, studierte er Santinis Kirchen-Interieurs. Wirth und der Historiker Karel Polesný versuchten ihn für die Umgestaltung des Hauptplatzes von Pelhřimov zu interessieren, als die Errichtung eines neue Hotels geplant war. Janák lieferte zwei Entwürfe. Gebaut hat er dann in Pelhřimov zwei Ikonen des Kubismus, ein Einfamilienhaus (Haus Jan Drechsel), vom Typ her angelehnt an ein dörfliches Wohnhaus mit Walmdach und mit einem überdachten Vorhaus, dessen Überdachung von vier gotisierenden Säulen getragen wird. Die breiten Fenstereinfassungen straßenseitig proklamieren unmissverständlich Janáks polemischen Kubismus, ebenso wie die expressiv eckige Fassade des Barockhauses am Hauptplatz, das er für seinen Freund Dr. Fára innen und außen umgestaltet hat.

Die große Ausstellung über den Prager Kubismus, die Jiři Švestka für den Kunstverein Rheinlande und Westfalen gleich nach der Wende in Düsseldorf durchgeführt hat, beginnt mit dem Jahr 1909 und schließt 1925. Die frühesten Beispiele in Prag stammen aus den Jahren 1912 bis 1914. Am Fuß des Vyšehrad, der »Hohen Burg« der Přemysliden-Könige im 11. und 12. Jahrhundert, findet man drei elegante Wohnhäuser, ein Dreifamilienhaus an der Uferstraße selbst und dann an der Straße, die zur Burgruine hinaufführt, die Villa Kovarovič und ein Mietshaus, alle von Josef Chochol gebaut. In seinen Schriften aus dieser Zeit polemisierte Chochol gegen das Ornament womöglich noch leidenschaftlicher als Adolf Loos, doch die Fassaden mit ihren vorspringenden Formen und zurückgesetzten, breit und schräg eingefassten Fenstern wirken selbst wie ein einziges durchkomponiertes Ornament. Wie sich das Licht an diesen Fassaden bricht, das Wechselspiel von ausgeleuchteten und schattigen Partien macht die einzigartige Dynamik der Chochol'schen Häuser aus.

In der Altstadt, auf dem Weg vom Altstädter Ring zum Pulverturm, Ecke Zeletná und Ovocní trh (Obstmarkt), steht das Haus zur Schwarzen Madonna, ein Kaufhaus, das Josef Gočár 1911–12 gebaut hat. Nach der Wende restauriert, beherbergt es heute auch ein Museum für kubistische Plastik und kubistisches Kunsthandwerk. Beispiel für einen »reifen«, in der Fassadengliederung wuchtigen Kubismus ist Gočárs »Legio-Bank« mit Skulpturen von Štursa und Gutfreund. Eines der ersten Bauwerke mit kubistischen Elementen (die Sockel für die Figuren Jan Štursas) ist die Hlávka-Brücke über die Moldau (1909–1912), über die heute die Stadtautobahn führt. Pavel Janák entwarf sie, als er für die Brückenabteilung des Baureferats des Prager Magistrats arbeitete.

Nach 1925 entwickeln die kubistischen Architekten den »Rondokubismus« als eine Art nationalen Stil oder wenden sich dem Funktionalismus zu. Ein monumentales Beispiel des »nationalen« Stils ist das Palais Adria, der Verwaltungssitz der Riunione Adriatica Versicherung in der Jungmanová, einige Schritte vom unteren Ende des Wenzelplatzes entfernt. Le Corbusier spottete, das »Palais« sei assyrisch. Auf einem Sockel, der durch breite verglaste Fenster gegliedert ist und in dem Geschäfte untergebracht sind, steht ein Langbau mit drei Türmen auf dem geschlossenen dreistöckigen Körper. Die schmalere Vorderfront auf die Jungmanová ist zurückgesetzt, sodass eine breite und tiefe Terrasse entstanden ist, mit Sommerbetrieb für ein Kaffeehaus und ein Restaurant. Im Souterrain befand sich das von Alfred Radok gegründete Theater »Laterna magica«, während der »samtenen Revolution« tagte hier Václav Havels »Bürgerforum«. Noch heute rätseln die Chronisten, unter wessen Schutz die Versammlung stand. Denn das Theater hat keine Notausgänge, der Staatssicherheitsdienst hätte Václav Havel und seine Freunde am einzigen Zugang jederzeit abfangen können.

Pavel Janák hat das Palais Adria zusammen mit Josef Zasche von 1922 bis 1925 gebaut. Noch ein zweiter Bau der Prager Moderne fand Le Corbusiers Aufmerksamkeit, das Messepalais, das einen ganzen Block an der Dukelská Straße in Holesovice, zwischen der Hofmanova und der Veletržní einnimmt. 1924–1928 nach den Plänen von Oldřich Tyl und Josef Fuchs errichtet, brannte es 1973 aus, die Rekonstruktionsarbeiten begannen zwar schon fünf Jahre später, wurden jedoch erst nach der Wende beendet. Seit 1994 ist im rechten Flügel die Sammlung moderner Kunst der Nationalgalerie untergebracht. Die große Halle links ist mit Kränen unter dem Dach bestückt und war für die Aufstellung großer Werkzeugmaschinen bestimmt. Die kleinere ovale Halle mit den umlaufenden Galerien in allen sechs Stockwerken ist einer der anmutigsten Innenräume der modernen Architektur. Le Corbusier bestaunte zwar die schiere Größe der Messehalle, meinte aber herablassend, es sei »ein interessantes Gebäude, aber noch nicht ganz Architektur«. Er wie auch andere Architekten der europäischen Moderne, Peter Behrens etwa und Marcel Breuer, kamen gerne nach Prag, hielten Vorträge und beteiligten sich an Prager Wettbewerben. Adolf Loos baute 1930 in Prag die Villa Müller und feierte hier mit den Auftraggebern seinen sechzigsten Geburtstag, unter anderem mit Karl Kraus und den Geschwistern Karl und Sidonie Nádherný.

Nach Berliner Vorbild gründete man auch in Prag einen Werkbund. Den Generalplan einer Werkbundsiedlung nach deutschen Vorbildern erstellte Pavel Janák. »Bába«, so heißt die Siedlung nach einem der drei Hügelrücken, an deren Abhängen die Häuser stehen (Vorgabe: höchstens dreistöckig und mit Flachdach), ist zwischen 1928 und 1933 entstanden. Die Bauherren konnten sich unter den Werkbundmitgliedern selbst den Architekten aussuchen, insgesamt waren fünfzehn Architekten am Werk. Pavel Janák selbst und Josef Gočár bauten je zwei der insgesamt 33 Einfamilienhäuser. Als Fürst Karl Schwarzenberg 1990 Präsident Havels Berater und Kanzler wurde, wohnte er in einem davon bei den Eltern von Michael Žantovský, einem engen Freund Havels aus der Bürgerrechtsbewegung »Charta 77«, der erster tschechischer Botschafter in den USA wurde und heute einen Platz im Senat der Republik hat.

Eine andere Ikone der modernen Architektur, das Palais Lucerna, zwischen zwei Seitenstraßen, Vodičková und Stěpanská, des Wenzelplatzes errichtet und mit diesem durch eine der Passagen verbunden, entstand im Auftrag von Havels Großvater Ing. Václav Havel. (Die jeweils ältesten Söhne der Familie Havel, deren Stammvater ein Müller an der Moldau oberhalb der Altstadt war, wurden alle nach dem Schutzpatron Böhmens getauft.) Havel senior und sein Bruder waren erfolgreiche Immobilienmakler, die unter anderem ein neues Stadtviertel erschlossen haben, Barrandov, auf dem linken Moldauufer, benannt nach einem französischen Geologen, der hier nach Fossilien suchte. Anfang der dreißiger Jahre wurden hier die Filmateliers gebaut, in denen Hedy Lamarr vor der Kamera stand. In den sechziger Jahren drehten in den Barrandov Ateliers Jiři Menzel,

Vera Chytilova, Milos Forman die Streifen, die den neuen tschechischen Film begründeten.

Für das Palais Lucerna hat Václav Havel senior als Ingenieur eine freitragende Stahlbetonkonstruktion entwickelt, die erste in Prag. Sie war notwendig geworden, als man bei der Aushebung der Fundamente unter dem von der Moldau angeschwemmten Sand keinen festen Boden unter den Pfeilern fand.

Ungefähr zur gleichen Zeit hat Jan Kotěra einen Stahlbetonkäfig für das Kaufhaus Wanke in Jaroměř verwendet, einer Kleinstadt an der nordöstlichen Grenze zu Deutschland. Er versteckte die Konstruktion nicht, sie blieb sichtbar, die Verkaufsräume im ersten und zweiten Stock sind durch einen großen runden Ausschnitt miteinander zu einem einzigen Raum verbunden. Das Stahlbetongerüst machte es möglich, die von allen statischen Funktionen entlastete Fassade komplett zu verglasen. Im dritten Stock verweisen sechs Fenster auf die Büros dahinter. Jaromer hat einen schönen historischen Stadtkern, doch Kotěras Kaufhaus, in dem heute das Stadtmuseum untergebracht ist, gilt als die bei weitem wichtigste Sehenswürdigkeit.

Der Bauherr handelte, als er Kotěra den Auftrag zum Neubau gab, nicht aus irgendwelchen großzügig mäzenatischen Überlegungen heraus, er wollte seiner Kundschaft zeigen, dass er sich als Kaufmann auf der Höhe der

Zeit befand. Die Festung Josefov (Josefstadt), einst eine selbständige Stadt, ist das nächstwichtige Baudenkmal in Jaroměř. Nach den Plänen von Louis Querlonde du Hamel erbaut, gilt sie als Paradebeispiel sowohl klassizistischer Urbanistik wie auch moderner Befestigungstechnik. Mit ihrem Bau wollte Kaiser Joseph II., nach dem sie benannt ist, ein unmissverständliches Zeichen setzen, an die Adresse Preußens, das Ansprüche auf Schlesien erhob.

Terezín (Theresienstadt), zur gleichen Zeit errichtet, nach Josephs Mutter, der Kaiserin Maria Theresia benannt, sollte ebenso wie Josefov die Grenze gegen den erwarteten Angriff Preußens sichern. Auch Terezín ist ein Glanzstück urbanistischer und befestigungstechnischer Planung. Bekannt oder besser berüchtigt sind Stadt und Festung als Symbol der nationalsozialistischen Barbarei. In der Stadt selbst hat die SS eine Art Durchgangsghetto eingerichtet, als Beispiel zivilisierter Behandlung der Juden wurde es 1942 dem Internationalen Roten Kreuz vorgeführt. Man spielte Theater, veranstaltete Lesungen und Konzerte, für die Kinder gab es eine Schule, doch der Aufenthalt war kurz. Die Insassen starben an den Folgen der Unterernährung oder wurden nach Auschwitz verfrachtet. Die Festung selbst war ein regelrechtes KZ mit berüchtigt brutalem Wachpersonal.

Für eine dritte Festung gegen den Angstgegner Preußen ließ Joseph II. in Hradec Králové (Königgrätz) ganze Straßenzüge schleifen. Als 1866 dann die Preußen tatsächlich in Böhmen einmarschierten, erlitten die Habsburger bei Königgrätz in der größten Schlacht des 19. Jahrhunderts eine vernichtende Niederlage. Kaiser Franz Joseph machte den Oberbefehlshaber, Feldmarschall Benedek, der immer wieder auf die Unterlegenheit des österreichischen Heeres hingewiesen hatte, zum Sündenbock. Benedek wurde entlassen. Der Festung Josefov waren die preußischen Truppen einfach ausgewichen, sie hatten sie buchstäblich links liegen gelassen.

In Königgrätz wurden nach der Schlacht die Befestigungen wieder niedergerissen. Für die Stadterweiterung holte man sich die Crème der tschechischen Architekturmoderne. Allein nach den Plänen Josef Gočárs, der hier schon 1904 Häuser mit Jugendstildekor gebaut hatte und 1910 die überdachte Treppe vom Ufer zum Mariendom auf dem Hauptplatz, entstand 1926 die Anglobank, dann in rascher Folge die Tannersche Schule, das Rašín-Gymnasium, eine Volksschule, ein Kindergarten, ein Priesterseminar und die Hauptverwaltung der Tschechischen Eisenbahn. Nach Gočárs Generalbebauungsplan wurden zwei Wohnviertel realisiert, der Masaryk- und der Ulrichplatz. Mit seinem Lehrer Jan Kotěra zusammen entwarf Gočár das Bürogebäude der Kreisverwaltung, mit dem angeschlossenen Grandhotel Urban nach Kotěras Plänen.

Mehr als die Hälfte der Baudenkmäler moderner Architektur, die nach den Plänen von Chochol, Gočár, Janák und Kotěra entstanden sind, findet man in der Provinz. Die Tschechoslowakische Republik, die von der Habsburger Monarchie den Löwenanteil der Schwerindustrie geerbt hat und in der die Auto-, die Glas- und die Textilindustrie florierten, war in der Zwischenkriegszeit unter allen europäischen Ländern von der Weltwirtschaftskrise am wenigsten betroffen. Doch nicht nur in Nordostböhmen, wo die Industrie konzentriert war, sondern auf dem gesamten Territorium Böhmens und Mährens finden man Beispiele moderner Architektur in einer Dichte wie nirgends anderswo in Europa.

Der radikalste Architekt des tschechischen Kubismus, Josef Chochol, realisierte im Vergleich weit weniger Projekte als seine Kollegen, doch Großaufträge des Prager Magistrats, der Elektrizitätswerke und der Ingenieurkammer kompensierten die Differenz. Drei Stadtgemeinden betrauten ihn mit der urbanistischen Gesamtplanung, Kralupy, Chrást und Nové Město nad Metují, wo er das heute noch bestehende Hotel Rambousek baute. Im historischen Zentrum von Nové Město nad Metuji (Neustadt an der Mettau) hat Pavel Janák die Inneneinrichtung für das Schloss entworfen, das die Industriellen Cyril und Josef Bartoň 1908 gekauft hatten. Die Erben, denen es jüngst restituiert wurde, haben es vor einigen Jahren für die Öffentlichkeit zugänglich gemacht.

Nur in Prag wurde der Kubismus zu einem Universalstil, der auf alle Bereiche der Gestaltung übergriff, auch auf die Inneneinrichtung und auf das Kunsthandwerk (der Terminus »Design« war damals noch nicht gebräuchlich). In Frankreich selbst blieb er eine in Umfang und Dauer enge Bewegung. Von der Originalität des kubistischen Kunsthandwerks kann man sich im Prager Kunstgewerbemuseum überzeugen. Im Vergleich erscheinen die floralen, japonisierenden Ornamente des Jugendstils, das »Quadratl«-Prinzip des Wiener Secessionismus, die vegetativen Wucherungen der Art Nouveau verspielt, aus jenem Lebensgefühl entstanden, das der Historiker Carl E. Schorske als Dekadenz des Wiener Fin-de-Siècle beschrieben hat.

In ihrer Kombination prismatischer und zylindrischer Formen sind die kubistischen Möbel wuchtig und gleichzeitig elegant in einer selbstbewussten Art und Weise, die den Optimismus des tschechischen Bürgertums spiegelt. Ein quasi umgekehrtes Déjà-vu-Erlebnis stellt sich ein, man hat mit der Prager Moderne die Vergangenheit vor sich und wird an die Mailänder Postmoderne etwa des Memphis-Designs erinnert.

Paval Janáks Forderung nach einem »nationalen« Stil hat den Haut-Gout des Völkischen. Doch Janák spielt nicht das »Völkische« gegen das »Kosmopolitische« aus, wie etwa Gyula Illyes im Ungarn der zwanziger Jahre, es geht ihm um die Kontinuität zur tschechischen barocken Gotik. Im Prager St. Georgs-Museum auf der Burg, gleich hinter dem Veitsdom, kann man sich anhand der Skulpturen von Matthias Bernard Braun und der Brüder Brokof von dieser Kontinuität überzeugen. Die beiden Bildhauer setzen Emotion in bewegte Physiognomie um, ohne alle Rücksicht auf Plausibilität – sprich Naturalismus. Die Gesichtszüge sind tief zerfurcht, als hätten sich die Bildhauer an den so genannten Diamantgewölben der Gotik orientiert. Ähnlich zerfurcht, zackig ausgebildet sind auch die Charakterköpfe Ota Gutfreunds. Man meint, Braun und die Brokofs wären seine Zeitgenossen gewesen – wieder das umgekehrte Déjà-vu-Erlebnis.

Böhmen und Mähren sind voll von Renaissance- und Barockschlössern, die im 19. Jahrhundert innen und außen historizistisch oder neugotisch, also à la mode umgestaltet wurden. Der Publikumsgeschmack entwickelte sich noch synchron zu den jeweils neuesten Strömungen in der Kunst. Erst Ende des 19. Jahrhunderts entstand die Kluft zwischen einer Avantgarde, die nicht nur die Kunst, sondern auch das Leben von Grund auf renovieren wollte, und einem Bürgertum, für das der Künstler als Genie Gegenstand geradezu religiöser Verehrung war.

Schon in der Zeit der nationalen Wiedergeburt waren in Böhmen und Mähren das Bürgertum und die Künstler Verbündete und sie blieben es auch, nachdem sie mit einem eigenen Staat die Unabhängigkeit erlangt hatten. Das erklärt die breite gesellschaftliche Basis der Prager Moderne. Das Bürgertum identifizierte sich weiterhin mit seinen Schriftstellern und Künstlern, die wiederum auf die Geste des »epater le bourgeois«, den beliebtesten Habitus der europäischen Moderne, verzichten konnten. Öffentliche und private Hand, Industrie und Kirche konnten auch große Aufträge an die Architekten der Moderne vergeben, weil man sich der Akzeptanz der Bevölkerung sicher war.

So konnte Zlín entstehen, wo ein einziger Bauherr einen Ort mit einem bescheidenen historischen Stadtkern in ein weltweit einzigartiges Ensemble moderner Architektur verwandelte.

Das südostmährische Städtchen an der Grenze zur Slowakei hatte fünftausend Einwohner, als Tomáž Bat'a mit seinen Geschwistern 1894 am Hauptplatz eine Schusterwerkstatt eröffnete. Sechs Jahre später, im Jahr 1900, baute er beim Bahnhof eine kleine Fabrik, in der 120 Arbeiter Schuhwerk mit dampfgetriebenen Maschinen produzierten. Bat'as Verkaufsschlager waren billige Leinensandalen. Bald wurden die Arbeitskräfte im Ort selbst knapp, und wenn er expandieren wollte, musste er sie vom Land holen. Der weite Weg zur und von der Arbeit minderte Tomáž Bat'as Ansicht nach die Produktivität und deshalb begann er schon in diesem Stadium Unterkünfte für seine Arbeiter zu bauen. Zur Zeit des Ersten Weltkriegs stellten bereits fünftausend Arbeitskräfte Schuhwerk für die österreichische Armee und Holzpantinen für die unteren Bevölkerungsschichten her.

Der Krieg hatte ihn reich gemacht, nach Kriegsende drohte ihm der Ruin. Um zu überleben, senkte er die Preise für seine Erzeugnisse um die Hälfte. In Amerika hatte er moderne Fertigungsmethoden kennen gelernt. So wie Henry Ford Automobile, begann er nun Schuhe am Fließband zu produzieren. Er engagierte die besten Architekten Böhmens: Jan Kotěra plante die Mustersiedlung von Zweifamilienhäusern für die Arbeiter, Vladimir Karfík die Fabrikanlagen und das sechzehnstöckige Verwaltungsgebäude, F. L. Gahura die Gesamtanlage als Gartenstadt. František Lydie Gahura, 1891 in einem kleinen Dorf oberhalb von Zlín geboren, wurde von Bat'a gefördert, der ihn zu Kotěra nach Prag schickte. Gleich nach Beendigung des Studiums entwarf er das neue Rathaus von Zlín, prägte entscheidend den Stil, in dem in seiner Heimatstadt gebaut wurde, und war ab 1933 Chefplaner der Stadt. 1932 wurde nach seinen Plänen das Kunsthaus als Denkmal für Tomáž Bat'a gebaut, als Bildhauer schuf er Porträtbüsten der Familie.

1923, da war Bat'a bereits Bürgermeister, hatte die Fabrik 112 Verkaufsfilialen im Inland, später kamen weitere in allen Ländern Europas dazu. Bat'a richtete für seine Arbeiter ein beispielloses soziales Versorgungsnetz ein, nicht primär aus Philanthropie, sondern weil er höchstmögliche Effizienz erreichen wollte. Die Erzeugung wurde dezentralisiert, die einzelnen Werkstätten waren im Rechnungswesen autonom, die Arbeiter wurden nach einem Prämiensystem entlohnt, das sie am Gewinn, freilich auch am Verlust beteiligte. Um die Abwanderung qualifizierter Arbeitskräfte zu minimalisieren, bekam der Betrieb Sozial- und Gesundheitsreferate, ein Krankenhaus wurde gebaut, ein Kaufhaus, ein Hotel, ein Kino, wissenschaftliche Institute – und eine eigene Ausbildungsanstalt für Lehrlinge.

Tomáž Bat'a selbst lenkte das Unternehmen von einem mobilen Büro aus, das in einem Aufzug des Wolkenkratzers untergebracht war. Je nach Kommunikationsbedarf fuhr er von Stockwerk zu Stockwerk, um mit den einzelnen administrativen Abteilungen von Person zu Person zu konferieren. Heute ist in dem mobilen Büro ein Schuhmuseum untergebracht. Tomáž Bat'a selbst starb bei einem Flugzeugunglück 1932. Sein Stiefbruder Jan Bat'a führte das Unternehmen weiter, emigrierte 1939 nach Kanada und sorgte dafür, dass ihm seine Spitzenleute, teilweise jüdischer Herkunft, in die Emigration folgen konnten. Von Kanada aus baute er Bat'a zum größten Schuhunternehmen der Welt aus.

1939 hatte der Konzern über hunderttausend Beschäftigte, fast sechstausend Verkaufsstellen, 120 diversifizierte Betriebe für Lederverarbeitung, Maschinenbau, Chemie, Transport, Kohlenförderung, Lebensmittel, Druck und Polygrafie. Er lieferte drei Viertel des Schuhbedarfs der Tschechoslowakischen Republik. Gleich nach der Wende trug man Bat'as Erben das Management der schwer defizitären Schuhfabrik an, holte sich jedoch eine Absage, weil man die geforderte Restitution verweigerte. Gegenwärtig befindet sich der Konzern in Liquidation.

Ein Paradeunternehmen wie Bat'a und eine beispielhafte modernistische Stadt wie Zlín waren für Politiker unwiderstehlich. Als das kommunistische Regime die Bat'a-Werke verstaatlichte und sie umbenannte, in »Svit« (Licht), bekam auch Zlín einen neuen Namen, Gottwaldov, nach Klemens Gottwald, dem ersten Präsidenten der Tschechischen und Slowakischen Sozialistischen Republik. 1907 kandidierte der spätere Gründungspräsident der Tschechoslowakischen Republik, der Philosoph und Soziologe T. G. Masaryk, im Wahlkreis Zlín für das österreichische Abgeordnetenhaus und wurde gewählt.

Nach dem Tod von Tomáž Bat'a wendete sich Jan Bat'a an den Diplomaten Hugo Vavrečka mit der Bitte, die Generaldirektion der Firma zu übernehmen. Hugo Vavrečka, von Masaryk in den diplomatischen Dienst geholt, war zuvor Botschafter in Wien gewesen. Seine Tochter ist die Mutter des ersten Staatspräsidenten der Tschechischen Republik, des Dramatikers Václav Havel. Als knapp nach der Wende die renommierte Schriftstellerin und Dissidentin Eva Kantůrková für ein Literaturmagazin einen Artikel über den Präsidenten und die Geschichte seiner Familie schrieb, kam sie zu dem Schluss, Václav Havel sei ein Prachtbeispiel der Tugenden des tschechischen Unternehmertums.

Havels Großvater mütterlicherseits sammelte Keramik und Fayencen der »mährischen Brüder«, einer evangelischen Sekte. Die wertvolle Sammlung wurde 1950 beschlagnahmt, nach der Wende an die Familie restituiert und kehrte jüngst als Schenkung der Havels ins Kunstgewerbemuseum zurück.

Hugo Vavrečka wurde 1939 zum Hochkommissar der tschechoslowakischen Beteiligung an der New Yorker Weltausstellung bestellt, den Pavillon baute Kamil Roškot, ein Schüler Jan Kotěras, von seinen Kollegen wegen seines Interesses an der hellenistischen Philosophie und Architektur »Plato« genannt.

Als Havel auf der Prager Burg einzog, machte er sie wieder dem Publikum zugänglich (und führte nach englischem Vorbild das Spektakel der Wachablöse in Paradeuniformen wieder ein). Er initiierte auf der Burg eine Reihe von Ausstellungen, darunter eine über »Josip Plecnik und die Prager Burg«. Plecnik, der wie Kotěra bei Otto Wagner studiert hatte, wurde 1911 Professor an der Prager UMPRUM. Präsident Masaryk, der in einem symbolischen Akt die jahrhundertelang unbenutzte, verwahrloste Burg zu seiner Residenz machte, gab Plecnik den Auftrag, sie zu restaurieren. Plecnik richtete für Masaryk ein zweistöckiges Apartment im Ost-Flügel ein, das man, wie weitere drei Dutzend Stationen seiner Gestaltung, während der Ausstellung besichtigen konnte. Er stellte auf den Platz neben dem Dom die dekorative Stele auf, gestaltete den Burggarten unter dem Ostflügel, vor dem Eingang zur Residenz des Präsidenten, neu und schuf die monumentale, repräsentative Vorhalle zum prunkvollen Maria-Theresia-Trakt, in dem die Staatsempfänge stattfinden. 1936 folgte ihm Pavel Janák als Chefarchitekt der Prager Burg nach.

Die Kontinuität der tschechischen Geschichte, die Pavel Janák mit seiner Theorie der Moderne wiederherstellen wollte, mit der Anknüpfung an die Formen der barocken Gotik, wurde 1939 noch einmal unterbrochen. Die Zäsur war lang, mehr als ein halbes Jahrhundert, drei Generationen. Gerade beginnt man, die tschechische Moderne in der Architektur aufzuarbeiten. Wenn die Arbeit einmal weiter fortgeschritten ist, wird sicher auch eine gründliche Revision der Geschichte der Postmoderne in der Architektur erforderlich sein.

Restitutio in integrum

Eine der vielen Ausstellungen, die Václav Havel auf der Prager Burg initiierte, hieß »Restitutio in integrum« und hatte, über ihr kunsthistorisches Interesse hinaus, eine hohe symbolische Bedeutung. Ihr Hintergrund war die Rückgabe des vom kommunistischen Regime beschlagnahmten Eigentums an den tschechischen Adel, natürlich im Rahmen der ziemlich strengen Bestimmungen darüber, wer überhaupt die Restitution meritierte. Der Präsident setzte sich dafür ein, dass man auch die Einrichtung der restituierten Schlösser und Burgen zurückgeben sollte, aus der Überzeugung heraus, dass in der langen Geschichte Böhmens und Mährens der Adel eine wichtige kulturelle Funktion hatte. Leere Schlösser und Burgen waren, so die Überlegung des Präsidenten, kaum geeignet, aristokratische Kultur und Lebensformen anschaulich zu machen.

Die mittelgroße Ausstellung im Ostflügel der Prager Burg war über eine Treppe vom gotischen Vladislav-Saal zugänglich und in einem schmalen hohen Raum eingerichtet. Insgesamt wirkte sie wie das Schaulager eines gut assortierten Antiquitätengeschäfts. Der Wert der einzelnen Gegenstände war natürlich nicht angegeben und in den meisten Fällen auch schwer einzuschätzen. Dass es sich bei einer Madonna mit Kind von Lucas Cranach dem Älteren um ein bedeutendes Gemälde handelte, war jedoch klar.

Jahre später erfüllten wir uns den Wunsch, einige Schlösser am oberen Lauf der Moldau anzuschauen. Unser Ziel war eigentlich Veltrusy, ein Rokokoschloss direkt am Ufer der Moldau, das den Grafen Chotek gehörte, den Vorfahren der Gräfin Sophie Chotek, die der Thronfolger Erzherzog Franz Ferdinand ehelichte und die an seiner Seite Opfer des Bombenattentats in Sarajevo wurde. Wir mussten mehrmals Anlauf nehmen, bevor wir das Schloss überhaupt fanden. Es war wegen der Hochwasserschäden der großen Sommerflut von 2002 geschlossen und als wir vor dem Tor hielten und ausstiegen, trabte der Wachmann eines Bewachungsdienstes herbei und bedeutete uns, rasch wieder zu verschwinden, da wir eine Privatstraße benutzt hatten.

Das Schloss Nelahozeveš, ein auf einem Hügel gelegener Renaissancebau von imponierender Größe, war ähnlich streng bewacht, denn als wir ausstiegen, um das Schloss aus der Nähe anzuschauen, trabte wiederum ein Wachmann heran und verwies uns auf den öffentlichen Parkplatz weit unterhalb des Schlosses. Freilich hatte ich auf dem Aushang neben dem Tor schon den Hinweis auf die Dauerausstellung gesehen und gelesen, dass sich unter bedeutenden Gemälden der Sammlung auch eine Madonna von Lucas Cranach dem Älteren befand. Wir hatten nicht die Absicht, uns für die wie üblich stündlich angesetzte Führung anzumelden, ich wollte einfach nur etwas Näheres über die Madonna erfahren. Den Wagen durfte ich in einiger Entfernung beim Verwaltungsgebäude abstellen, dann begab ich mich in die Ausstellungskanzlei.

Nelahozevěs ist eines der beiden intakten Schlösser, das zusammen mit sieben anderen delabierten der Roudnicer Linie der Fürsten Lobkowicz zurückerstattet wurde. Der gegenwärtige Eigentümer, William Lobkowicz, wuchs in den Vereinigten Staaten auf. Das Schloss ist voll mit Kunstschätzen, die heute die bedeutendste Privatsammlung in der Tschechischen Republik konstituieren: Bilder von Pieter Brueghel dem Älteren und dem Jüngeren, Canaletto, Rubens, eine Infantin von Velázquez (zugeschrieben), Familienporträts von Spranger und Hans von Aachen.

Und der Cranach. Ich wollte wissen, ob es jener ist, den ich in der Ausstellung auf der Prager Burg gesehen hatte, und musste warten. Dann kam die Chefin des Führungsdienstes zurück. Ja, er ist es. Das Bild hing ursprünglich in einer Dorfkirche, wurde gestohlen, nach einiger Zeit wiedergefunden und hing dann im Schloss. 1948 kam es ein zweites Mal abhanden und diesmal dauerte es ein halbes Jahrhundert, bevor es den ursprünglichen Eigentümern zurückgegeben wurde.

Im Dorf unter dem Schloss steht das Geburtshaus Antonín Dvořáks. In Wien gehörten die Lobkowicz zu den großen Mäzenen Beethovens und im Schloss ist eine Dokumentation darüber zu sehen. In Roudnice, nach dem diese Linie der Lobkowicz benannt ist, steht das zweite, womöglich noch größere restituierte Schloss. Die Roudnicer Familienbrauerei ist eine der Haupterwerbsquellen der Lobkowicz. Die Mělniker Linie der Lobkowicz ist nach dem Ort direkt am Zusammenfluss der Moldau und der Elbe benannt. Deren Haupterwerbsquelle ist der Weinbau. Die dafür zuständige Ehefrau des Melniker Fürsten Lobkowicz, die in der Schweiz Volkswirtschaft studiert hat, erzählte mir bei einem Abendessen, dass von der ursprünglichen Einrichtung kaum mehr etwas vorhanden war, als sie 1992 das Schloss bezogen hat. Auch die »Restitutio in integrum« habe nichts gebracht. So habe sie einfach Bilder und Stiche vor allem des 19. Jahrhunderts in die öffentlich zugänglichen Räume gehängt, um den Besuchern zumindest einen Abglanz der alten Pracht zu bieten.

Eines der beiden Prager Palais der Mělniker Lobkowicz ist an die Deutsche Botschaft vermietet. 1989 waren Palais und Garten einige Wochen voll mit den DDR-Bürgern, die sich nach ihrem Urlaub weigerten, in ihre Heimat zurückzukehren.

Die Beamtenschaft der kommunistischen Regierung führte zwar Buch darüber, wohin die aus ihren ursprünglichen Aufstellungsorten entfernten Antiquitäten verbracht wurden, doch in den vierzig Jahren ist das meiste einfach verschwunden. Als wir nach der Wende im Sommer 1990 Prag besuchten und abends nach Dobříš fuhren, um unsere Unterkunft zu beziehen, saß ein Bekannter, »Tito« Graf Douglas, in der Abendsonne im Hof des Schlosses und las Goethe. Er war sehr vergnügt. Beim Abendessen erfuhren wir, dass Tito Douglas, Geschäftsführer von Sotheby's Deutschland, tagsüber in Sachen Geschäftsanbahnung für seine Firma unterwegs war, sichtlich erfolgreich. Ich hatte in Prag den letzten Tratsch gehört, denn da ich fließend tschechisch spreche, vergaßen meine Gesprächspartner, wenn sie einander das Neueste vom Tage erzählten, häufig darauf, dass ich ein Fremder war, der möglicherweise mitbekam, was nicht für seine Ohren bestimmt war. Das war schon in den sechziger Jahren so gewesen. Das alte Regime, so der Tratsch, hatte noch vor dem Sturz mit Christie's London eine Vereinbarung getroffen, den gesamten Antiquitätenschatz der CSSR zur Auktion zu bringen. Die neue Regierung unter Václav Havels erstem Premierminister Marian Čálfa, der in der gestürzten Regierung Justizminister gewesen war, untersagte das Geschäft und Christie's bekam Geschäftsverbot im ganzen Staat. Kein Wunder, dass Graf Douglas vergnügt war, in dem neuen Markt war Sotheby's einstweilen ohne Konkurrenz. Den Tratsch wollte er uns nicht bestätigen, verneinte ihn aber auch nicht.

In der Slowakei, damals noch in einer Staatsgemeinschaft mit Böhmen und Mähren, hatte sich das alte Regime offenbar mehr beeilt. Als ich vom slowakischen Schriftstellerverband zu einer Übersetzertagung eingeladen war, im Schriftstellerhaus, einem ehemaligen Jagdschloss der Pálffys, wollten wir in der Nähe das Pálffy-Schloss Červený Kámen (Rotfels) besuchen, eine imponierende Burg mit riesigen Wehrtürmen, die angeblich nach einem Entwurf von Albrecht Dürer gebaut wurden. Das Schloss mit dem in den Führern gepriesenen Stil-Möbel-Museum freilich war geschlossen, und als ich die slowakischen Freunde fragte, warum, lachten sie nur vieldeutig und meinten dann, es gäbe nichts mehr zu sehen. Sie gaben zu verstehen, dass die gesamte Einrichtung verscherbelt worden war, in diesem Fall sicher nicht durch eine Auktionsfirma, sondern ebenso sicher auf private Rechnung.